神に挑んだ6人の世俗哲学者

スピノザ／ヒューム／カント／ニーチェ／ジェイムズ／サンタヤナ

L・W・ベック　著
藤田　昇吾　訳

1988年８月米国ロチェスター大学にてL. W. ベック名誉教授と訳者
壁にはカント・ラプラース星雲説の写真とケーニヒスベルクのある東プロイセン（旧ドイツ領）の地図が見える.

目次

まえがき

太陽系第三惑星（地球）には、「生命体（生物）」が発生し進化する可能性があって、現在多種多様な諸生物が棲息しているが、その中でも最も特殊な生物が「ヒト」と自称している人類である。この生物は、視覚、聴覚、嗅覚、味覚等々の感覚器官による知覚認識の他に、大脳による思考という知性認識の能力を有する特殊な生物である。感覚器官による外界の直接的認識よりも、思考による推理や推測によって想像の世界が形成される。

「宗教」は直接的な認識対象以外の想像の世界として発生し形成されて来た領域である。死後（来世）や生前（前世）など現実世界以外を想像し想定したり、この世界そのものを「創造」した「神」をも想定し、それを超自然的で超人間的な存在者として設定し、それに万事を基礎づける民族も現われて、自分らの思想を「世界宗教」と称して、宣教・伝導（宣伝）の活動を拡大して来た。自分の思想信仰を唯一真正なものとし、他を排斥・弾圧することで歴史上多くの紛争や闘争が生じて来た。特に宗教信仰が政治・統治と結びついた場合には強烈な対立抗争が人々の生活を脅かすことになる。

この傾向が最も顕著に現われたのが、今から四、五百年前のヨーロッパ社会であり、宗教思想の相違が政治・経済その他の要素と絡らんで多くの悲劇が生れた。信仰活動に従事する聖職者たちが説教する信仰の教義に対して、その根拠の正当性を問い正したのが、ここに列挙された「世俗哲学者たち」である。

世俗（secular）とは、神聖（divine）に対して、理性的、乃至は合理的な観点から問い正す立場であって、ベックも私もそれが哲学を学ぶ者の仕事であり使命であると心得ている。この書が日本の宗教思想研究や哲学全般の普及の一助となれば幸いである。

藤田昇吾

原注・訳注について

著者（ベック）の説明・解説を日本語訳で示した。引用書名は日本語訳不可能なもの多く原文のまま掲載した。なお、各章の最後にまとめて記載している。

序言

本書で取り上げた哲学者たちは今日の世俗主義に大いに貢献したが、それにもまして改進主義宗教[訳注1]の概念に貢献した。現代主義[訳注2]は特に現代的運動というわけではない。それはダーウィニズムや心理分析や社会福音[訳注3]よりも以前から始まっており、西洋思想の主流をなす哲学者たちの著作の中にも見出される。彼らの宗教に対する批判的な評価は――時には拒否に、時には改革への努力に導くのであるが――我々の文化と分割世界における宗教の位置づけと機能について心を砕く全ての人々にとって重要なことなのである。本書において私は、スピノザ、ヒューム、カント、ニーチェ、ジェイムズ、サンタヤナの六人の哲学者の著作を論じた。それらは現代的な論争点と最も密接な関係があると思うからである。

一九五八年から一九五九年にかけての冬に、これらの哲学者について一連の講義を、ロチェスターのブリック長老派教会のブリック・フォーラムで行った。それ以来、合衆国やカナダの他のグループの前で、それらのいくつかを述べて来た。私の講義に対する聴講者の活発な反応は同感的であったり、度々批判的であったりしたが、常に建設的なものであり、何度も講義の写しを要求されたことで、私はそれを出版するよう勇気づけられた。それらは殆ど正確に口頭で述べた通りに、ここに表示されている。ところが、聴講者によって折々に私に提起された質問は、当初の形態では曖昧のままであった要点を明解にする誘因となったのである。

一九六〇年三月九日

ルイス・ホワイト・ベック

訳　注

【1】　改進主義宗教（liberal religion）"liberalism"とは、一般に国家や教会の伝統的権威主義に対して、個人の自由を尊重する改良主義、改進主義を指す。特に宗教に関しては、主としてカトリック教会の権威主義に対する批判思想を意味するが、宗教改革後の新教内部での対立抗争にも相互批判が多く見られて、それぞれが自らの立場を正しい改進主義と称している。

真の改良主義者として特筆すべきは、フォントネル（Bernard le Bovier de Fontenelle, 1657-1757）である。彼は、コペルニクス、ガリレイ、ケプラーの天体物理学を解説して、古来の神学的宇宙創造説や地球中心的宇宙観を否定し、古代ギリシアの神託（オラクル）やキリスト教の「奇跡」に合理主義的批評を加えて、神話や宗教によって歪曲された歴史の実体を暴露する。歴史の進歩を認め、科学の大衆化を目指した。『寓話の歴史』、『神託の歴史』（一六八七）などの著書がある。

【2】　現代主義（modernism）

「近代主義」とも訳す。ここで著者ベックが「今日（現代）」"Present-day"と言っているのは、彼がこの講義をした一九五八―五九年以前に生じた二〇世紀初期の現代主義の頃を示すものと解すべきであろう。

「現代主義、近代主義」全般は、ここでも述べられているように「ダーウィン主義や心理分析よりも早くから始まっている」のであり、先述のフォントネルの思想に見られた通りである。

自然科学の発展に対応できるように、聖書の歴史学的研究やキリスト教の教理の発展の歴史的研究をおこなったフランスのロアジー（Alfred Firmin Loisy, 1857-1940）が近代主義の代表者とされる。彼はカトリックの司祭であったが、カトリシズムの学問的な向上を意図して先述の研究をおこなったのである。ところがカトリック教会はこれに反対で、近代主義を異端と断じ、ロアジーを破門した（小田垣雅也『キリスト教の歴史』二二六ページ）。教皇ピウス一二世（原注1、二四ページ参照）は近代主義を攻撃して、進化論や地動説を否定した。一九〇九年までアメリカのカトリック教会ではダーウィンの進化論は全面的に禁じられており、今日も尚、聖書の創世記に反すると称する者が少なからずいる。ベックが世俗主義の哲学者の講義をしたのも頷けることである。

【3】　社会福音（Social Gospel）

「福音」は元はギリシャ語でエヴァンゲリオン（Evan-gelion）「良い知らせ」を意味する。英語でもGospel=God=good+Spel=newsで同じ意味。特にキリスト教では、イエズスの生涯や教えの記録を新約聖書の前半に、マタイ、マルコ、ルカ、ヨハネが記述したものを「四福音書」と呼ぶ。その内容はそれぞれ相異がある。(拙著『西洋思想の源流と展開　改訂版』キリスト教参照)

特に社会(的)福音としては、一九世紀後半から急激な資本主義の発展で社会的格差不平等が増大して行く上に、二〇世紀初期には大恐慌の発生で大きな社会不安を起こした。社会悪の根源は人間の利己心にあるとして、他者の痛みを知る連帯感を社会改善の方法とした。原罪説や予定説を否定した人道主義的社会改善論とその実践で、W・グラッテン(一八三六―一九一八)が「社会的福音の父」と呼ばれた。但し、本書で取り挙げられた世俗哲学者たちは、それよりもずっと以前からキリスト教の改善を訴えて来ている。

第一章　世俗哲学とは何か？

世俗哲学とは何か、これは簡単な問題である。しかし、もし答えが過度に単純化され独断的であるべきでないとすれば、我々は一見廻り道にも見える仕方でそこに到達しなければならない。我々は「世俗」という言葉を考察する前に、先ず「宗教」、「神学」、「哲学」といった言葉の意味を論じなければならない。

そこで、宗教とは何か、であるが、この問いには、我々が宗教について論理的に考えようとする場合に、宗教が容易に分析可能な何か厳密に知的なものであるとひそかに転換してしまう危険が常にある。それは正しく我々が検討している思考方法であるかのようである。宗教は神についての一組の信仰を含んでいるのでもなく、その信仰が意味あるものか無意味なものか、また真か偽か、等々の知性的に検討可能なものかを示すものではない。宗教はそのような一組の信仰以上のものである。宗教という言葉は、人々が神の存在を信じる場合に、彼らがどのような態度をとるか、また何に基づいて行動するかということにも関与する。この言葉はまたそれらの態度に続く行動にも関与するのであって、単に神についての信仰及び神と人間との関係についていだかれる信仰だけに終るのではない。

神の概念は非常に多く異なるものがあるので、ある人が自分では宗教信仰や態度と思うものが、他の人には全くの無神論と見えるかも知れない。例えば、ある人を無神論者として言及するのに「何故なら、彼は唯一の神しか信じないから」という一八世紀のフランスにおける才子のようなものである。完全に中立・公正であるべきとすれば、もしある人が神を信じると敬虔に告白すれば、その場合にはどのような態度もこの信仰と関連しており、そこから生じる如何なる実践も彼の宗教を構成していると言わなければならないと思う。この定義に合致する「私的宗教」というものがある。しかし、信仰と態度が共有されて、そこから生じる行動や儀式や実践に組織的な形式が与えられているならば、我々は通常の意味での「宗教」と言うであろう。宗教という言葉で何でも広く意味してはならない。例えば、共産主義と資本主義は相反する「宗教」であると。或いは逆に確立された宗派でも、遇々自分がそれに共感できないからと言って宗教から除外するという狭少な意味づけも不可である。

この仕方で宗教を論じる場合、我々は神への信仰に基づく行為を強調しなければならない。あることを信じることは、あることが存在することを信じることと同じでは全くない。後者は単にそれが存在することを知っていることの代替でしかない。「私は私のポケットにいくらかお金を持っていると信じる」と言うことは、「私は私のポケットにいくらかのお金をもっていることを知っている」ということの貧弱な代替表現でしかない。しかし、私が持っていることを信じることも知っていることも、いずれもそれに対する特別な態度を必然的に伴うことはない。私はただそれが事実であり、それが利害がないとか、満足できるとか、できないとかを信じるだけである。しかしながら、あることを信じ込むことは、信じることへの能動的な信条であり関与であって、我々の態度や感動と切り離すことはできない。というのは、信じ込むことは、その事柄についての我々の意見や知識と同様に、態度や感動にも依存しているからである。

神を信じ込むことは宗教的行為であるが、神が存在することを信じることは理論的で認識的行為であって、それは必ずしもその信条を有する人が彼の態度と行動において宗教的であることを明示してはいない。しかし、あることに対するあらゆる信仰には、それに対応するところのそのあることが事実であるという信仰が存在する。人は、神が存在することを信じるのでなければ、神を信じ込まない。そうではあるが、この二種類の信仰は、心理学的に全然異なるものである、それが同じ事柄に向けられた場合でも。

神学は、信仰の理論的な意味において神が存在することの信仰及び神に関する信仰の体系的な組織化である。神学は知識の分離を要求する。それは神に関する理論である。神学の基本的原理は、聖書から、啓示から、純粋理性から、自然についての我々の知性からもたらされる。従って、それぞれの種類の神学（聖書神学、啓示神学、理性神学、自然神学）がある。神への宗教的信仰の各々の一組には、神に関する一組の信仰が対応している。従って、モハメット神学あり、キリスト教神学あり、カトリック神学あり、プロテスタント神学あり、等々である。それらは全て、ある宗教的な人々が信じ込んだ神に関する信仰の労作である。

ある人に「哲学は何ですか、そしてそれと神学と宗教との関係は何ですか？」と問われた場合、唯一の適切な返答は、「君が尋ねているのは、誰の神学、誰の宗教、誰の哲学ですか」という別の質問をすることである。哲学にしろ、宗教にしろ、神学にしろ何世紀にも渡って非常な変容を遂げて来たし、今日も尚多様なものが存在しているので、それらの関係について一つの単純な答は与えられないのである。もしある人が「哲学は斯く斯くの仕方で宗教と関係している」と言うのならば、それは彼が受け入れている特定の一組の哲学的教理が、特定の一組の神学的信仰と宗教的実践——それを彼自身が受容するか拒否するところの——と特殊な仕方で関係していることを意味しているのであり、また意味すべきなのである。

哲学と神学との関係の諸相は、キリスト教の歴史において広く受け入れられて来た三つの異なる見地において図式化することができる。

中世では哲学は神学の婢と見なされた。神学的真理は人間に啓示され、教会において確固たるものとなり成立した。哲学者の仕事はこれらの信仰に挑戦することではなくて、批判に答えることによって信仰を受け入れるように精神を準備させ、それに理性の衣装を与えることであった。例えば、神が存在することは啓示された真理であると信じられていた。だがしかし、必ずしも全ての人がこの啓示の真理性を承認したわけではない。従って、哲学者の仕事は、啓示に訴えずに、信心と啓示を拒否する人々にとってさえも知られていた理性と自然の真理にのみ訴えることによって、神の存在を証明することであった。信仰は、確かにこの方法で証明されうる限界よりも遠くまで行くし、また充分に理性的でない、或いは充分に教育されていない人々が従う証明、例えば聖トマス・アクイナスの著作に見られる証明が理解できない人々にとっては確信に到る確実な途であった。しかし、理性は啓示の助けを借りずに長い道を行けたし、信仰の敵対者とか代替者ではなくて、信仰の隠微さの前口上であり労作であった。

哲学者の役目のこの考えは今でもカトリック教会では保持されている。[1]この考え方では哲学者は、彼の結論が教会の啓示的教義に無関係であるか、或いはそれに合致している限りにおいて知性的に自由であり、その教義の推敲と防衛のために彼の知性を用いる積極的な義務を負う。しかし彼の結論がこの高度な教義と矛盾する時は、それは異端であるばかりでなく虚偽である。というのは神学は、人間に賜わった決定的な知識であり、哲学に優越すると見なされ、人知の唯一の最高形態である、つまり、啓示の助けを受けない人間の理性的な能力の使用によって得られる最高の知識であると見なされているからである。そこで、これが哲学と宗教と神学の関係の問題への一つの答えとなるのである。

これとは全く異なる見解の関係が所謂理性の時代にはもたらされた。ヨーロッパ精神の歴史におけるこの時期は文芸復興と宗教改革に続く。人々は神学者たちの際限のない論争に嫌気がさし、彼らが信仰の名の下に主張し公告する確信の幻惑から覚され、全く相容れない教義の正面衝突から生じる戦争と拷問には吐き気がしていた。彼らは今や自分独自の思想を考えて、それらを公表する権利を主張し、教会の権威主義者の布教部を拒否した。神学の婢は他の多くの従者と同様に元の主人の下へ帰り、以前の時代に割り当てられた卑しい仕事よりも優れていると自ら認めた。哲学は自律を要求した。これはその当時としてはどれ程紛れもない異端で非宗教に見えたか知れないけれども、それは今日我々が反宗教的な思想とか活動と呼ぶものには直ちには到らなかった。世論の雰囲気は人々が養育されて来た神学の真理性を直ちに放棄するようなものでなくて、当時の思想家の大半は宗教は全体としては反合理的なものであると結論づけた。

しかし、時代は神学の脆弱な教義をより良い論議で補強して、理性によって合法化されなければ容易に迷信へと沈没してしまう疑わしい超自然的な啓示にできるだけ訴えることなく神学を支えることのできる哲学者たちを要求した。理性は先ず啓示の判定者となった。そしてジョン・ロックは「啓示に道をあけるために理性を取り除く者は、両者の光を消し去る」と書いた。やがて理性は啓示に取って代わった。かくて、一七世紀と一八世紀には啓示神学とその反啓蒙主義から神学を救出するたゆまない試みがなされた。そのような典型的な表題の書が、次の如く多く出された。『キリスト教の合理性』、『神秘的でないキリスト教』、『創造と同じく古いキリスト教』等々である。政治的並びに宗教的両寛容性が進展していた時期には、基礎的な神学的諸原理を見出すための努力は、誰もそれが失敗するとは思わない程、合理的であった。スピノザは普遍的宗教のための究極的原理を定式化した。そして当時の大哲学者の一人であるライプニッツは、彼の哲学において培われた理性の共通の基盤の上で、カトリックとプロテスタントの両者の相違を最小化し、合致点を最大化して、統合しようとして多年の無駄な努力を費やした。

その他の二つの世紀は省略して、現代の哲学に対する神学と宗教の関係についての他の理論を見ることにしよう。今日、無数の哲学と宗教があって、それらのうちのいずれをも、「理性の宗教」が、理性の時代の神学と哲学の両者に典型的であるというようには、どうしても表現することができない。しかし、私は最近の哲学における一つの顕著な運動を取り上げよう。それは実証主義として知られる哲学の一派である。オーギュスト・コントのような一九世紀の実証主義者によれば、宗教は、我々が徐々に現われ出て来る精神の歴史における舞台を描き出している。人間が現実に発見できる真理は、神や人間の魂に関する真理ではなく、自然に関する真理である。そしてその真理を発見する方法が科学である。実証主義者たちによって見られたように、哲学者の仕事は、形而上学や神学のような解決できない諸問題に労力を浪費し続けることを許すものではなくて、人類の才能を解決可能な問題に集中することによって、科学の歴史的役目の成功を拡大することである。しかしながら、コントは宗教の道徳的情熱を断念することはよしとせず、神学なき「人間性の宗教」――そこでは人類の福祉に貢献した大思想家や科学者たちは聖者として尊敬される宗教――を要求し、また確立しようと試みた。

より近代の実証主義者たちは、彼らの教義を思想の歴史よりも、言語や論理の研究に根拠づけたが、しかし宗教に関しては彼らは類似の結論に到達した。そこには確かに「人間性の宗教」という騎士気取りはなかったけれども。彼らは、原理的に科学者の命題と同様の方法で検証できない諸命題は、証明も反証もできない無意味な似而非命題である、と言う。「神は存在する」という神学者の命題は、「原子は存在する」という科学者の命題と同様に思えるが、しかし事実は全く異なる。神学者の命題は、それが真であるか偽であるかを検証できない。従って我々はそれに如何なる決定的な認識的意味をも与えることはできない。それを信じる者に何らかの情動的な満足を与えるだけであるが、しかし、それは何も決定できる客観的な意味はもたず、それが与える満足は単に情動的で恐らくは見せかけのものであろう。哲学者の仕事は、形而上学的、倫理的、神学的な無意味の積弊を掃除することであり、それによって我々は自分の知性、即ち理解力、推測力、自然制御力に適合した働きを進めることができる。その働きは過去においては「より高尚な事柄」への信仰によって禁じられていた。その信仰は精々よくても科学的研究を「単なる事実」に格下げするか、最悪の場合はその研究成果を否定した。哲学は、心理分析と同じく、我々の願望や要求や恐怖を表現するだけの象徴でもって誘導されることから我々を護る治療的工夫である。しかし、それは不明瞭だが重要な種類の客観的事実を指摘しているような象徴なのである。

これら三つの実例は、哲学と宗教との間には如何なる単一の単純な関係もあるとは言えないことを示すのに充分であると私は思う。それは総べからく我々が論じている哲学の種類及び宗教の種類にかかっている。私は先ず第一の例として、宗教によって方向づけられ支配された哲学を描写することから始める。そして、第二、第三の例は世俗哲学である。

「世俗」という言葉は、教会と対立していると考えられた世界を意味する。辞典の定義では、「教会僧院的誓約や規則で制約されていないこと」である。宗教的な人々の間では、これは今日度々濫用 (abuse) の意味で使用されている。世俗哲学は、確立され受容された宗教的見解に関して自律的である哲学を意味する。それは、中世哲学が宗教先行で教会権威によって真理であるとされた結論に暗黙裡に、或いは公然と言及したようなことはしない。世俗哲学は必ずしも反宗教的ではない。(2) その結論は必ずしも宗教的信仰に相反するものではない。しかし、もし世俗哲学の結論が宗教の諸信条と離反するに到れば、彼は「これ我が過ちなり。私は失敗をしてしまったにちがいない」とは言わないだろう。むしろ、「このことを考え抜かなかった者はもっと誤っている、そして彼らは私の哲学的検査で虚偽であると判明した事柄の信仰を受け入れたのである」と言うだろう。

哲学者の思想が、彼の成育した信条から完全に独立していることは滅多にない。

哲学者は彼が暮している知性的気候のしるしを表しており、また度々彼の同世代人の宗教的信仰と迷妄をも共有している。彼の世俗主義は程度の問題であって、単純にそうであるか無いかではない。自分の思想において良心的に独立であろうと努める者は、折々自分の思想が希望する程には自由ではないことを認めなければならない。もし彼らがこれを自ら認識しなければ、彼らの伝記作家は彼らの宗教的環境がどれ程多大な影響を及ぼしたかを必ず指摘するであろう。それは彼らの見解が宗教に対して明白に敵対する場合においてさえそうである。

哲学者がどれ程世俗的であるにしても、また実際、彼が宗教に対してどれ程敵対的になろうとも、彼が哲学者として関心がある事柄と、宗教的人物が信じ行為する事柄との間には、深く肝要な結びつきが残るのである。哲学は、他の知識分野の組とは非常に異質な信条の大層特殊で排外的な一組ではないので、それがどこに出現しようとも根本的な諸問題に対する精神的態度と規律は変らない。哲学の主要問題は、人類の経験の総体であり、それを目指すべきである。そこで哲学は、科学、道徳、歴史、芸術、政治学、宗教と直接的な結合を有する。宗教信仰が、宗教的人物が彼自身と彼が究極的実在と見なすもの及び彼の存在と運命の源泉であると見なすものとの間の連繫についての信仰である限りでは、宗教と哲学の主要問題は、少なくとも部分的には重なる。

経験の総体を探索することは誰もできない。哲学者は各人が自分の親近感があるいくつかの部分や自分が重要だと確信する部分を扱うだけである。その場合、彼はその部分の用語で残りの部分の経験を読む。全文明の歴史の中で、宗教は哲学者が知恵への門と考えたところのものを開けるために繰り返し使った鍵となる経験の一つであった。中世におけるように宗教的経験が、熟考する人々の間で唯一の重要素であった限りでは、哲学と神学の区別は難しかった。偉大な哲学者は同時に偉大な神学者であった。たとえ彼らが二つの仕事の間の限界線を認識していたとしても。哲学と神学は同じ種類の問題をかかえており、それに対していくつかの同じ答えを提案しなければならなかった。

今日では宗教的経験以外の経験の方が一般により意義深いと信じられている。我々は「世俗時代」に生きている。そして哲学者は、度々、神学の婢であるよりは批判者として現われる。しかし今でも人は、哲学者が神学の伝統的展望の内にある事柄について何らかのよく考究した見解を有していなければ、哲学者として考えにくいという傾向がある――たとえ、そのような事柄についての神学的意見が虚偽であるか無意味であるというのが彼の見解であるとしても。もし神学者も哲学者が、例えば「ものごとの意味」についての問題という漠然とした名の問題の下に両者を合わせたとしても、両者は相互に無視し合うのだ。丁度、科学者と神学者が世界を二つの部分に分割して、互いに自分の部分に割り当てるように。

しかしながら、哲学者と神学者が、あれこれの錯綜した問題の何らかの解決の目的だけのためではなくて、両者の関心の純然たる決別としてそうするならば、相互の損失は取り返しのつかないものとなるだろう。宗教的意識というものは、断えず理性的に凝視していなければ、不可避的に迷信へと堕落する傾向がある。また宗教的実践は、自由な道徳的判断力で不断に吟味しなければ、常に空虚な儀式となりがちである。他方、哲学者の通覧する働きは、ものごとを着実に且つ全体として見ることを期待されており、宗教が人生の中心的位置に据える諸関心に敏感でなくなれば、その働きは失なわれる。この敏感さがなければ、哲学者は単にお互いの論理的な、認識論的な、形而上学的な洗濯物を自宅で引受けるだけのことになる。そしてアリストテレスが言った、全ての哲学が始まるその疑問を活かし続けることができない。

原注

第一章　世俗哲学とは何か?

（1）ローマ教皇ピウスⅫ世は、ローマ・カトリック教会の全ての司教（bishop）に送付される書簡『フマーニイ・ゲネーリス（人類の起源）』（一九五〇）の中で、次のように書いている。「君より念入りに仕上げた衣装で、また哲学により相応しい衣装で哲学を飾り立ててもよい。君はそれ（哲学）をより有効な用語で堅固にしてよい。君はそれを、スコラ哲学者によってそれの防衛のために提出された、そこかしこにおける言いまわしの悪い議論からそれを解放してもよい。

もし正当な担保が遵奉されているのならば、人類の思想の進歩がもたらしたところのある種の新しい要素で、それを富ませてもよい。しかし、君が如何なることをしようとも、それを根絶してはならない。君は、虚偽の諸原理でもってそれに混ぜものをしてはならない。君はそれを興味深い零落として取扱ってはならない。

真理、及び真理の哲学的表現は一夜にしては変わることができない。我々は、思想の諸原理が自からの権限内で、人間精神を威圧するところのそれらの諸原理を取り扱っている。我々は時代の知恵に立脚した結論について、また神聖なる啓示と一致した支持に基づく事柄について語っている。

人間精神は、それが真理への誠実なる探求に従事している時には、それが既に確証した真理と矛盾する真理を決して輝かせることはない。

神が真理そのものである。彼がそれを創造したものであり、人間知性を指導するものである。

（2）「世俗主義」は、宗教の守護者たちによって、度々「唯物論」や「科学主義」と一緒にして述べられることがある。例えば、カトリック福祉協議会管理局による声明文（ニューヨーク・タイムズ紙　一九五八年）の中に、次のような文が見られる。「これらの思想［唯物論と世俗主義］の基本的な原理は、人間の現実の関心は、理論的あるいは実践的な精神的事柄及び純粋に空想的な領域を除外して、今ここにあること、この世界の実際の政治と経済に向けられている」。これは私（ベック）が、この書の中で使う「世俗主義」の用語方法とは異なる。この文は、ここで論じられた哲学者たちと殆ど何の関係もない。もし私が「世俗主義の思想」という言葉を使うとすれば、私見の範囲では、次のようなものである。即ち、宗教的な信条を含めて、あらゆる信条は、哲学的精密検査がそれらを推奨した場合、その場合にのみ受容するに値するのであって、如何なる権威の者がそれを教えようとも、それの受容性を保証するのに充分ではないのである。

この定義では、唯物論者は（実際、彼らが盲目的なマルクス信仰から唯物論を受取るのではない限り）世俗主義者である。しかし逆に、世俗主義者は唯物論者である必要はない。本書で論じられた哲学者たちはいづれも唯物論者ではない。

「科学主義」は、判断能力の機能を、哲学にではなく科学に与える「思想」であるだろう。

第二章　世俗哲学者たちの一族

宗教問題に関する世俗的関心を著述している哲学者を選出するに当って、我々は次の二つの基準に従うべきである。第一に、哲学者は彼の動機と行動において実際に世俗的であるべきことである。それは多くの卓越した神学者がそうであったように、たまたま哲学の著作を書いたのではないということである。私は、精神の独立性の故に同世代人には宗教の敵と見られたような人々を選出しようとした。その中の二人は、兎に角彼らの神学的敵対者によって、少なくとも隠微には迫害された。

第二に、視界が大層広いので、怠慢で世俗的だというのでなくて、言わば、興味と関心が非常に広いので、宗教について哲学的精査をはずすことができなかった哲学者である。哲学的問題を扱うのに宗教的問題を無視している哲学者は選ぶべきでない。勿論彼らもつまらない問題では世俗的であろうけれども。私は、「広大な伝統」と呼ばれるものの中で哲学した者、或いは「永続的問題」について考えた者のみを哲学者として選んだ。彼らの理論は、神学的問題について言葉上は論議していない場合でさえ、宗教的信仰について直接的な意義を有している程、普遍性と深淵さがある。彼らは宗教家たちが信仰において通常探索なしに受け入れている事柄を探索し、また探索することは時として不信仰であると宗教家が感じることを冷静な批判的理性でもって探索する人々である。

もう一つの基準は、少なくとも副次的段階で考えられてきた。ここで哲学者として選ばれるのは、その著作が教養ある素人に提示され理解されうる哲学者であって、非常に専門的で難しく他の哲学者によってのみ読まれうるような著作の哲学者ではない。この六人の哲学者の一群には、現代哲学の中で最良の四人を含むが、唯一人（カント）だけは彼自身の言葉で読むのは難しいと考えられる。

選ばれた六人の哲学者は、スピノザ、ヒューム、カント、ニーチェ、ジェイムズ、サンタヤナである。それらは一人のユダヤ人、一人のカトリック教徒、四人のプロテスタントである。その一人はオランダ人、一人はスコットランド人、二人はドイツ人、二人のアメリカ人である。一七世紀から一人、一八世紀から二人、一九世紀後半から三人、二〇世紀から一人選んだ。

このような外的な分類で示された以上の類縁性が、彼らの何人かの間にはある。事実、宗教の哲学を最優先とする種類の問題に照らして判別されたこれら六人の哲学者は、二つの異なった部類に属する。第一の部類は、科学と哲学を、宗教信仰の視界と妥当性と内容を限界づけるものとして受け取る哲学者である。第二の部類は、宗教的価値と、生活と文化における他の価値との関係に最も関心を持つ哲学者である。第一の部類には、スピノザ、ヒューム、カントがいる。第二の部類にはニーチェ、ジェイムズ、サンタヤナが属する。しかしながら、カントは両部類に属すると考えるのが正しいだろう。何故なら、宗教に関する彼の考え方と決定的な宗教的問題の彼の検証とは両者の過渡期にあるからである。しかし時代的な理由では恐らく彼をスピノザとヒュームに順じて位置づけるのがより良いであろう。

一七世紀と一八世紀には、あらゆる思想家にとって科学との協約がまとまらなければならなかった。それは最終的には、神学者の思弁と啓示と論争に取って代わる実在的な客観的知識を与えるように見えた。一六世紀中葉のコペルニクス天文学におけるような科学における画期的な発見の衝撃に会うと、宗教を尊重する哲学者たちは三つの一般的な作戦の一つに訴えた。

第一は、宗教を科学そのものから作ること、或いはもっと正確に言えば、人々の宗教的な霊感を未知の超自然的存在から引き離して、それの物理的・数学的構造が科学によって知られる世界そのものへと誘導することであった。この戦術は、ヨーロッパが一部は聖書から、一部は後期ギリシアから継承して来た、かの神秘の曖昧たる世界から、人々の最善の努力を知性的にも道徳的にも引き離そうとした。人々は主要な才能をそのような世界に長い間向けて来たので、自然の理解と制御が幾世紀も遅れたのである。幾人かの哲学者は、宇宙の活々とした科学的絵画を機械組織の広大な一片として描き出そうとする人々の挑戦に対して、宗教的熱情と確信を保存しようと試みた。彼らは世界機械そのものを宗教的な崇拝と尊敬の適切な対象として描き出すことで、そうしようとした。これがスピノザの戦術であった。

第二の戦術は、次の世紀にヒュームによって採用された。科学が更に大きな勝利を収めて、十七世紀の宗教的熱情が、英国啓蒙主義の冷静な合理性の中で希薄化された後のことであった。ヒュームは、我々は伝統的な宗教概念の神が存在しないと単純に決定することはできないし、またその場合、科学によって発見された神の代替物を見出して、それを崇拝することもできないと言った。これは隠語であろう、というのは、科学によって開示された世界は、それ自体が宗教的崇拝に値する対象でもなければ、それを超えた、それの彼方にある、人間の宗教的要求を満足させるところの、他の対象があることの証拠でもないからである。否、とヒュームは言った。宗教的信仰の内容を従来通り真実な（またヒュームが判断したように、不合理な）ままにしておこう。そして次のように問う、即ち、我々が科学から知ること、及び科学が進歩するに従って我々が発見するであろうことが、合理的であると思われる限りにおいて、宗教的信仰は真実であるかと。するとヒュームの答えは、我々はそれが確実に真実であるとは知らない、そしてもしそれが確からしく真実であるとするならば、その確からしさ（確率）は、それを参照して我々自身或いは社会を改革するための努力を保証するに足るだけ大きいとは言えない、と。その通り。彼は更に言う。そのような改革が望ましいとさえ思えないと言う。そして、伝統的な宗教的道徳と、人間本性と歴史の知識によって啓蒙された常識の道徳とを忌まわしく比較する。

第三の戦術は、ヒュームの前提と彼の結論の一つを受け入れるが、他の結論は拒否することであった。カントは、宗教的真理についての伝統的見解は不合理であり、如何なる宗教的信仰も自然の科学的な解釈で確証されないというヒュームに同意した。もし我々が宗教の基盤として理論的知識を要求するならば、ヒュームとカントは、宗教の根拠は存在しないということで合致した。しかし、ヒュームが「宗教にとってより悪いことが非常に多くある」と結論づけたところにおいて、カントは、彼とヒュームが拒否したものと丁度同じくらい合理的な別の基盤が宗教にはあると言った。それは我々の道徳的意識である。真の宗教は道徳性の所与と道徳的意識の理性的な検証の上に構築されうる。それは丁度スピノザが理論哲学と科学の上に基づけられると考えたのと同様である。しかし、勿論、宗教の建築物は新しい基礎に適合するように変えられたであろう。

科学の展望は宗教の展望とは判然とカントによって分離された。彼にとっては科学と宗教はスピノザが考えたような同盟もしなかったし、またヒュームが考えたように敵対もしなかった。カントにとっては科学と宗教は相異なった態度を現わし、また異なった対象と目標を有した。カントの理論は折々「二世界説」と呼ばれる。何故なら、彼は知識の領域と信仰の領域を峻別し、我々が科学的に知りうる自然の世界と、我々が知り得ない超自然的な世界とを分けた。即ち、事実の世界と価値の世界とを分けたのである。

宗教論争の中心は、一八〇四年カントの死と一九〇〇年ニーチェの死との間に、少なくとも先進的思想家たちの神学と哲学の論点は、一七世紀と一八世紀に展開した論争から全く異なる位置に移行した。それはカント哲学で示された方向へ動いた。即ち、事実の探求と価値の追求に対する多様な関与という分岐せる密接な関係を開発する方向へと動いた。その世紀中葉以降の移行の基本的な動機は、しかしながら、カント自身の哲学の広汎な影響よりも、むしろ一九世紀における最も重大な知的な出来事、即ち、一八五九年の『種の起源』の出版にあった。ダーウィンの書の与えた革命的な効果は、他のどの科学にも殆ど見られなかった。それの直接的な効果は、短期間ではあったが、人類の初期の歴史の聖書的解釈と科学的解釈との間の古い闘争を激烈に再開させた。創世記と進化論とのこの対立は今日も尚多くの組織の中で続いている。しかし両陣営の思慮ある人々の間では、ダーウィン主義の勝利は、人類の起源の解釈としては非常に完璧なものとなったので、その世紀の末までにはカントの平和論が再び全勢力を得た。科学と哲学の自律性は充分確立されたので、折々防衛しなければならなかったけれども、殆どの攻撃は学識者に代って無学な者によってなされた。科学の領域における支配権への宗教的要求は、非常に乱暴に打倒されたので、カント的な保護は、さまざまな仕方で調整され再組織化されて、多くの神学者たちによって求められた。その保護の内部では、宗教的教義は適切に弁護されており、神学者たちは科学からの深刻な危険にさらされると心配する必要の無いことに満足できた。その際彼らは、聖書を科学的教科書と見なしたり、自然の理解において宗教を科学の対抗者と見なす労苦を放棄した。スピノザ、ヒューム、カントは戦いに勝利した。科学と神学は平和共存の暫定協定に到達した。ニーチェ、ジェイムズ、サンタヤナの著作の中には古い闘争の余韻は聞かれるけれども、彼らの心情はこの闘争の中にはなくて、宗教に関する主たる論争は、全然その古い線に沿ってなされたのではなかった。

新路線はカントの教理へと戻る、即ち、宗教の真理性と妥当性は人間の倫理的関心に基づくのであって、人間の自然理解や形而上学的知識の要求に基づくのではないという教理である。問題は宗教が世界の中でどのように、またどの程度まで真理とされるかということである。即ち、その世界の中では事実についての問いや人間的出来事の取扱いについての問いに関するところの、全てではないにせよ多くの問いに対する答えが、科学の常により新しい領域への進行を続けることによって見出せうるか？　ということである。宗教に対する多くの思弁的批判者が、宗教は阿片であると忠告する無知な大衆に到るまで、人々は、もし科学が際限なく知識を増大させ、人間の自然支配を拡大するという約束を果たしたとすれば、科学的統制の範囲拡大が要求された場合に、宗教を必要とするだろうか。それが問題であった。そして恐らく、我々の世紀（二〇世紀）初期の最も典型的な答えは、一方では、無神論と唯物論、世俗主義と科学主義――それら全ての言葉をより軽蔑的意味に取って――であるか、或いはまた他方では、逞しい楽天的な生命肯定として何らの神学的支柱もなしに宗教の漠然たる人文主義とするか、のいずれかの答えであった。

ここで我々の基準で選んだ三人の最近の哲学者（ニーチェ、ジェイムズ、サンタヤナ）は、そのような安直な選択と軽率な是認はしなかった。彼らは皆第一級の哲学者であって、無味乾燥で強要されない信仰の布教者ではなかった。彼らのいずれも専門的な哲学的意味では文字通りのカント主義者ではなかったが、しかし、彼らのいずれもが問題点の深刻さと困難さの認識においては、カントと同様であった。そして少なくとも、その中の二人は、いや恐らく三人共、道徳的関心事の知性的な理解に堅実で根源的な関与をしていることでは殆どカント主義者であったと言える。彼らのいずれもが、宗教の伝統的関心であった人間の根本的価値の位置づけの問題について真剣に格闘しているのが認められる。その価値は宗教の全般的な衰退と共に、人任せで無根拠なものになったように思えた。かくして、彼らの哲学は、「恥知らず（迷信）をひねりつぶせ！」――それが既に遅きに失したとは信じなかったから――と言った連中の味気無い皮相な楽天主義から逃避した。

ニーチェは宗教が価値に関して正当化されるか否かという問題に否定的な答えを出した。彼は宗教的幻想は、人が成人に達して自らの運命の主人公となったならば、投げすてられるべき重い枷の一つと見ていた。それは人間を馴育し馴練する機能を果たして来た。そして、実際その機能を全て充分達成したとニーチェは考えた。しかし、その宗教的幻想が、汚辱し否定してしまった人生のそれらの価値を支持して、その拘束が投げすてられる時代が到来した。

ジェイムズとサンタヤナは、ニーチェがあるべきことの基準が現実的であるとしたことに誤りを見出した（ニーチェは全ての行為は力への自然的な意志から湧出することが事実であると見なした）。ところが、ジェイムズは現実的とされるべきことについての人間的幻想が、人間の幸福と尊厳にとって必要不可欠な力学的要因であると見なした。そして、この人間的な勇気づけの動力論にとって必要不可欠なのような事でも、歴史的及び道徳的に効果的であるという信仰を弁護した。かくて、彼は自分自身の冒険としての宗教的仮説を好んだ。恐らく世界に対抗する自分自身の冒険及びきっと保守的で非冒険的な教会に対抗する自分自身の冒険として。このようにして彼は、宗教の確立された形式或いは伝統に対して、また科学のよく確立された事実に対して、殆ど顧慮することなく神或いは神々への信仰と宗教的態度とを推奨した。

最後にサンタヤナは、宗教についてジェイムズやニーチェよりも、ずっと非活動的な形態で考えた。彼にとって宗教は、文字通りではないが、深刻に受け取るべき神話であった。文字通りに取ると、それは事実と矛盾して弁護できない。比喩的に取ると人間的価値の用語における意味にとって、精神生活と文化の不可欠な部分となる。それは価値の探求の一つの形態であった。その形態は、彼が思うに、カントやニーチェやジェイムズによって余りに制限された仕方で解釈されて来た。「宗教は、何かより良いものの代用品としてとがめられるべきでなく、道徳的な慰めと、宗教がなければ際限なく悪化したであろう状況から解放するものとして受け取られるべきである」[1]と彼は書いている。

我々が挙げたこの六人の哲学者を別の観点で見ると、彼らに対する全く異なった賛成・反対の区分がなされるであろう。それは、彼らが従事した個別的問題についての判定ではなく、彼らの思想の成果によってなされる判定であろう。

この方法で見ると我々は、一般に理解されているように、スピノザとヒュームとニーチェを宗教の否定的な批判者、最初の批判者として結びつける一本の線を見出すであろう。この線で下って行くと、我々は神学の更なる弱体化と宗教の真理と価値の否定を見出すであろう。つまりスピノザの冷たい「自然なき神」からニーチェの「神は死んだ」への移行、及びそれらの中間にヒュームの不可知論と皮肉に満ちた信仰の推奨とを見出すであろう。

第二グループにおいては、我々は宗教の価値における信念の進歩的な若返りを見出すであろう。というのは、神学の文字通りの真理と理論的確実性が、批判主義によって、空虚で妥当性に欠けるものであることが示されたからである。カントにおいて、また再度サンタヤナにおいても、宗教が道徳性の単なる解釈の方法として、また価値の我々の経験に対する活々とした形態を与える方法として見られた。カントに近いジェイムズでは、「過剰-信仰」の実用的な正当化を強調する点に宗教の弁護がある。それは我々の感動的で道徳的な関心に対して形而上学的な支持を与えるものと考えられたからである。

これらの哲学者たちを最初に時代順に分類してから、その順に従って同じ問題を取り扱った哲学者たちを扱うであろう。しかし、他の類縁性も見過されてはならない。

世俗哲学者たちの一族の各員についてのこれらの紹介はこれまでとして、これから彼らの生涯と言葉へと向かおう。これからの事において、私は順番に各々の哲学者の代言者となるよう努める。私は彼らの言った事を報告し、或いは反復する。それらの中で、もし正しいものがあれば、それは読者が決めることである。

原　注

第二章　世俗哲学者たちの一族

（1）George Santayana, *The Life of Reason* (one-volume ed., New York: Chas. Scribner's Sons. 1954), p.184.

第三章　スピノザ

哲学の歴史上スピノザほど広く異なった評価を受けた人はいないだろう。一八世紀には彼は無神論者と呼ばれた。そして哲学のある体系がスピノザ的であると言うことは、それが無神論であると非難するに充分であった。ヒュームでさえもスピノザ主義を「忌わしい憶説である」と言った。しかし、ノヴァリースは彼を「神に陶酔したユダヤ人」と呼んだ。そしてハイネは、「スピノザの生涯は、彼の神聖ないとこイエス・キリストの生涯と同様に欠点のない純粋で汚れないものであったことは確かである」と言った。

これらの極端な見解の各々には恐らく何らかの真理があるだろうが、しかし、また同時に明白な誇張もある。もし無神論者とは人格神の存在を否定する人を意味するならば、その場合には、スピノザは確かに無神論者である。しかし、もしスピノザ自身の神の概念を認めるならば、我々はノヴァリースの判定を是認するだけのスピノザの二心無き神への尊崇を見出すであろう。スピノザはあらゆる意味で善良な恐らく聖者的な人間であっただろうけれども、確かにハイネの陳述は誇張である。しかしながら、スピノザについての真実は一つの格言で要約されたり、一つの警句で記憶されうる類のものではない。

バルフ・スピノザは一六三二年アムステルダムで生れた。彼の家族は一六世紀の終り頃ポルトガルから、その地での宗教的迫害から遁れるために移住して来た。彼ら及びその追従者の多くは繁栄して主要な市民となり、その事でその当時ヨーロッパで最も自由で最も繁栄した都市となった。彼らは妨害されずに自分の宗教を実践することが許された。そしてその市の社会生活及び経済生活において、彼らは他の都市におけるように強制されたり阻害されたりすることは無かった。

しかしながら、正にこの容認がある不都合な結果をもたらした。彼らは自分たちの繁栄の中で、恐らくそれ程までに幸運でなかった場合よりも鋭く自分達の脆弱さを感じていたことであろう。ユダヤ人共同社会は、それ（移住者）をキリスト教多数派の異邦人と感じ、多数派が煽動的と思う宗教的な醜聞と思想を産み出さないようにと考えた。彼らは前住地の抑圧者から悪い教示を得ていたので、彼ら自身の異端審問を始めた。

スピノザが二四歳で既に有望な輝しい学者として知られていたのはこの状況下であって、彼は邪教の嫌疑がかけられてシナゴーグの前へ連れて行かれた。彼の後の教理から我々が知るところからして、間違いなく正に次のことが責められたのである。即ち、世界は神の体であること、天使は存在しないこと、魂は体から分けられないこと、旧約聖書は魂の不死を教えていないことを彼が断言したことである。これらの教義を撤回するか、少なくとも布教しないように説得工作が行なわれたが、それが失敗した時、スピノザは正式に破門された。

外部環境と出来事が人の心を集中させる範囲で、我々はスピノザの哲学することの倫理的方向づけの何かを、この破門に帰することができる。哲学は、彼にとっては純粋にあるいは単に知的な探求ではなくて、学者的なユダヤ人の通常の宗教的・倫理的生活が、突然彼に対して拒否された時に、啓発し宗教的にたどるべき生活の仕方であった。彼の大志はいかなる場合にも穏謙なものであったと見られるが、これらの状況によって妨害されても、スピノザは幸運や彼の仲間たちの意見に依存しない、より高度の善を探求した。『知性改善論』と題する初期の未完の断片において、大抵の若者なら只単に辛さだけを表現するであろう境遇にいながら、スピノザは彼が強制されたものにおいて見出されるものよりは、何かもっとより良いものが見出されるべき方途を探していることが見てとれる。その冒頭の文が次の通りである。

私の恐怖の対象のどれもが、私の心がそれらによって影響されない限りは、善又は悪の何ものをも含んでいないことが分ったので、人生の通常の境遇の全ては空虚で無益なものであることを経験が教えてくれた後で、私は終に決心した。即ち、諸他の一切のものを排除して単独で精神を感動させるところの、それ自体で伝達する力を有する何か実在的なものがないか、また事実、それを発見し達成すれば、私に持続的で至上の永久の幸福を享受させることのできる何かあるものが存在する

か否かを探求することを決心したのである。(1)

我々がスピノザの特異な哲学の恩恵を受けるのは、この探求によってである。しかし、この一文にみられる個人的な辛さは明白であるにも拘らず、現実の事実においてはスピノザは破門の宣告によって命ぜられた糾弾と追放から重大な被害を受けたようにはみえない。これはスピノザのユダヤ人社会の仲間に受け入れられたい自然的願望にとって打撃ではあったけれども、この当時の彼の宗教的確信は、自分が実際に何らかの神聖な制裁や神聖な懲罰を受けていると信じさせるものではなかった。スピノザが追放者として憂うつな姿であったというのは当らないけれども、この当時の彼の状態は羨むべきものとは見なされない。彼は再び他のユダヤ人に受け入れてもらうことを一、二度試みたようである。彼らは実際にスピノザを追放したり、見捨てられた人として扱わなかった、そうするように熱心に勧告されていたけれども。ところが、スピノザは最も隠謙なキリスト教徒のグループに受け入れられた。彼ら自身も喧噪で抑圧的な教会主義を投げ棄てた人々であった。私は、スピノザが正式にこのグループに忠実であったことを意味しているのではない。スピノザは生涯決してキリスト教徒にはならなかった。私はただ、優れた学識と知性をもった多くの人々を含む、これらの敬虔で真剣な心掛けの一群の人々が、スピノザを彼らの隣人や自宅へ歓迎し、彼に職業を与えたことだけを言っているのである。彼らもまた彼自身の親類が受けたのと同様の司教からの過剰な強制に苦しんでいたのである。

スピノザはレンズ磨きで生計をたてた。彼の学識の名声が大きくなるにつれて、オランダ政府の高官の幾人かと親密になり、彼らの中の二人が、スピノザの意に反して過剰な遺贈を残していった。彼は全人生を概ねアムステルダムとロッテルダムの間のオランダの地で過した。彼はハイデルベルクで教授になる招待を断った、思想の自由が干渉されることを恐れたからである。しかし、彼は（若きライプニッツを含む）訪問者を通じて学術界との接触を保ち続けた。またヨーロッパ中の学識者との書簡も交流した。彼は一六七七年に肺結核で四四歳で死んだ。

私はアムステルダムにおけるユダヤ人とキリスト教徒との間の真心ある関係について特別に述べた。だが、そこに宗教的自由が充分あったと考えてはならない。カルヴァン主義牧師の政府に対する影響は強烈で有害であった。異端者や自由思想は偵察され密告された。スピノザはユダヤ人であったので、特別の法的無力化や危険を受けたようには見えないが、彼も自分自身の思想を思考しそれを公表すれば、受難には充分であった。彼の最も重要な宗教書は匿名で出版されなければならなかったが、しかし著者が知られると、ある神学者は「これは地獄で背教者のユダヤ人と悪魔によってねつ造されたものだ」と言った。そこで偏狭な信念を例証するが如く、その書は取り締まられた。そこでスピノザは彼の哲学的主著『エチカ』は公正な審問は受けられずに深刻な報復がもたらされるだろうと思った。それ故に彼は、それが死後に公刊されるように内密に指示して伏せておいた。

スピノザの宗教観を理解するためには、我々は『神学・政治論』と『エチカ』との関係を理解しなければならない。これらは、関連するが異なる問題について、異なる聴衆の為に、異なる目的で書かれた。第一の書は宗教について書かれ、ここでは宗教とは実践と機構を意味しており、その目的は宗教における悪習を根絶し、そして、宗教をスピノザが考える政治的・社会的権力の健全な体制の下にもたらすことである。第二の書は、この意味では宗教についてではないが、神と人間の相互関係における形而上学的な論攻である。これは啓示や伝統や組織体制に基づく宗教に代るものとして、スピノザの哲学を示している。

これらの書の第一の『神学・政治論』は論争的な著作であって、抗争する徒党を超越した穏かな哲学的論文ではない。牧師は種々の制圧的な手段で、その悪意が感じられるようにし始めた。それは穏健な政府の指導者でありスピノザの友人であったヤン・デ・ウイットの失墜を引き起した。それはまた、クエイカー教徒やメノ新教徒の消滅をはじめ、彼ら自身の穏健なメンバーの追放をも始めた。一六七〇年に出版された『論講』は、彼らの偏狭さに対するスピノザの返答であった。しかしながら、この書は公衆を扇動するものではなかった。それはラテン語で書かれていて、一般大衆に呼びかけたのではなくて、学識者の中の次のような連中に呼びかけた。それは理性あるいは哲学が、神学を補う神学の婢として残り続けている、従って「哲学の自由」に介入する神学的根拠が存在すると考えている連中に対してである。スピノザは、この著作の全目的は、哲学から信仰を分離して、相互に妨げず各々が独自の道を進めるようにすることである、と言う。

この書物は聖書の原典の長い精密な検査から始まる。その検査は極めて影響が大きかったので、スピノザは現代では高度な批判主義の父と考えられている。勿論、聖書の中の不整合を見出すことは何も新しいことではない。スピノザ以前の時代にも聖書解釈の二つの方法が行なわれていた。一つはいくつかの行文を比喩的に解釈するか、あるいは、文字通りに解釈するものであった。この方法は理性或いは哲学を聖書批判における規則とするものである。他の方法は、不整合を受け入れて、批判する理性の抗争を拒否するものである。最初の方法は、聖書は哲学的に偽なる何ものをも含まないという前提に立つ。第二の方法は、偽なるものを含むという前提には立つが、しかし、人間の論理や哲学は更にもっと悪い、と言う。

スピノザは、この古い問題を扱うのに新しい方法を導入した。[1] それは最初の方法の延長であった。[2] 彼は不整合を実在的として受け入れ、次の二つの問いを出した。それらはどのようにして生じたか。それらの意義は何か、である。第一の問いに対してスピノザは、聖書はさまざまな状況下で書かれたからである。即ち、色々な異なる人によって異なった世紀に書かれたから、各々はそれぞれ異なる道徳的乃至は政治的状況下にあり、各々はその時代の文化を反映しているのである、と答える。このようにスピノザは聖書に対して、今日我々が多くの人々によって異なる条件の下で書かれた報告書を理解する時と同じ新進の手法を適用したのである。

「それらの意義は何か」という問いに対してはスピノザは二つのことを大層注意深く区別した、即ち、聖書の著者が意味していることと、後世の狂信的聖書崇拝者等によって意味すべく取られたこととの間の区別である。スピノザが比喩をあさる人々と決別したのはこの点である。彼らが常に同一のことを言っているとして討論する根拠があるとはスピノザは信じなかった。彼らは時には明確に直接的に、時にはあいまいに——教えられていない読者には度々彼らが自己矛盾していると思われる程あいまいに言っているのである。スピノザは、むしろ聖書の著者は当初は科学や歴史や哲学を教えることに関心があった、つまり、この分野でその時代の最新の思想を受け入れたのである、と言った。ところが、彼らは全然、知識を教えたり知識を増やすために貢献したのではなく、服従を教えることに貢献したのである。それを彼らは何らかの成功の希望のもてる唯一の方法で、即ち、彼らの聴衆や読者が、そして、我々が知る限り、彼ら自身も受容できる思想を利用することで、貢献したのである。全ての不整合は、異なる時代間の自然的相違と著者の環境における相違より生じる、とスピノザは論じる。

著者や予言者たちが最も意を用いたのは、人々に隣人を愛すること、正義を行うこと、神と共に謙虚に歩むことを説得することであった。彼らが教えていたのは、法であり道徳であって、哲学や科学ではなかった。そして、この至上の意味における彼らの教義の中には、全く何の不整合をもスピノザは見出さなかった。彼らの神託のこの部分の意味は明瞭で、数世代の筆記者や注釈者たちによって破壊されることなく、それが最初に教えられてから二千有余年の間も現在も真理である。その教義はスピノザが神法と呼んだものの本体と完全に合致しており、それの大部分は予言の助けなしに理性によって発見できるものであった。しかし、大多数の人々は哲学的に思考しなかったので、預言や奇跡や勧奨による学習の仕方が人々に下賜されたのである。

神法は、預言者に啓示された神の命令で、聖書に含まれていると信じられている。しかし、それは実体において助力を受けない理性によって発見されうる法（自然法）と同じものであったので、真の宗教は信仰においても行ないにおいても、理性的な完全に啓蒙された人が正しいと思うことと相違しない以上のものを何も要求しないのである。宗教のこれらの不変の真理は、個々の宗教の教義上の定式の中に体現されているものではあるが、それらとは識別されなければならないものであって、聖書中には整合的に詳細に解説されている。それらは、神の現存在、単一性、遍在性、超越性であって、道徳的生活に直接に課せられた次の三つの命題と共に示されている。

神の崇拝は、正義と慈愛乃至は隣人への愛にのみ存すること。

これらの生活様式によって神に従う者の全てが、またその者のみが救われる。それ以外の者、快楽の支配の下に生きる者は滅びること。

神は、改悟する者の罪を許すこと。[2]

しかしながら、神学者や教会者たちは彼らの説教の中の正しい箇処を強調しなかった。歴史や科学や哲学の些細な点の解釈の不一致に帰因する教会分裂や迫害があったが、それらに対して神聖制裁もなければ、教会分裂や迫害は実直な生活にとっては何の意義もないことであった。過度な熱意の中で彼らは解釈の不一致をあぶり出し並べ立てて、基本的な宗教的、道徳的教義に反して痛恨の極みの罪を犯した。その事に関しては何の疑念も論争の余地も全く無かった。

スピノザは続けて言う、この見苦しいキリスト教にふさわしくない宗派間の論争と迫害は、公的な和平と福祉を害する、と。宗派間のこのようなあからさまな争いごとは宗教の自由を明示するものではなくて、むしろ反対にそのような自由にとって重大な脅威であった、というのは、一つの派の人々が他派を苦しめるのは、彼らの生活の仕方の故でなく（それは自分のものと同様に非難すべきではない）、正に彼らの思想の故であったからである。

スピノザは最後に、逆説めいた解決法を要求する。それは国立教会内での自由を保証することである。彼は言う、第一に国内の安寧を保つのは国家の責任であるから、また、自由は、教会的徒党が争うことで脅かされたり破壊されたりするのであるから、公的宗教の事がらにおいて国家の権威が至上であるべきである。宗教の目的は神法への服従を確保することである。国家の目的は、神法と完全に合致するところの自然法への服従を確保することである。かくて国家は教会を設立する権威を有すべきであり、教会の勤行を、政治の妨害にならないように、規制すべきである。

第二に、しかし同時に国家は、教会に政治権力を強奪された状況下で、市民にとって不可能な事がらを保証すべきである。即ち、市民が考えることを言ったり、欲することを思考する自由を保証すべきである。

政府の究極的な目的は、人々を恐怖によって統治したり規制したり服従を強要したりすることではなくて、反対に、各人が可能な限り安全に生活できるよう恐怖から解放することである。換言すれば、自分又は他者を害せずに生き働く自然権を強化することである。否、政府の目的は人間を理性的な動物から野獣や人形に変えることではなくて、彼らの精神と身体を安全に発展させ、彼らの理性に手錠せずに雇用することである。……事実、政府の真の目的は自由である。(3)

そのような自由は市民に対する単なる妥協ではない。それは政府及び社会の福祉にとって本質的なことであるとスピノザは論じる。事実、思想と言論の自由を制限する法律が強制されてはならない。というのは、それを強制しようとする試みは、心の内に反抗的な状態を作り出して、その思想の結果は国家そのものの否定に到るからである。

人は概して、自分が真理であると信じる意見の罪人であると刻印されること、及び神と人に敬虔に鼓舞されたことが邪悪として追放されることに対して激怒する傾向が最も強い。というのは、彼らは（自由という）この目的を視野におけば、誓って法律を否定し、権威に反抗して共謀することも容易に始めるからである。それは、この目的のためには暴動を起し、いかなる種類の罪を犯すことも恥ずべきことではなくて、むしろ名誉なことであると考えているからである。人間本性の構造はこのようなものであるから、世論を取締る法律は、邪悪な人間よりも寛容な人間の精神にさわるし、また犯罪者の強制よりも、むしろ実直な人を怒らせることになる。そこで、そのような法律が国家に対する重大な危機を伴なわずに維持されることはないのである。(4)

そしてスピノザは、宗教紛争勃発以前のアムステルダムの繁栄と文化、また市民の幸福と美徳を例示することによって、彼がこれまで言ったことの歴史的証拠として結論づける。プラトンの『弁明』やロックの『寛容に関する書簡』ミルトンの『アレオパギタ』、カントの『啓蒙とは何か』、ミルの『自由論』に加えて、我々はスピノザの『政治論』を思想と言論の自由の極めて有効で雄弁な論攻としなければならない。

私は今やスピノザの大作、全時代の最大の哲学的作品の一つで、その全題名『幾何学的方法によって証明された倫理学』を紹介する段階へと来た。スピノザはこの著作の体制の範型として数学を取り入れている。それは数学的明瞭さと確実さが哲学においても可能であると信じたからである。かくて我々は、『倫理学（エチカ）』の中に、幾何学の論文にあるように、それらの証明と系と共に公理、定義、要請、命題の語を見る。スピノザは自明の理性的原理から、神、世界、人間本性、悪徳と美徳等々についての必然的な真理を引き出すことができると信じていた。

スピノザ哲学の二つの基本的な特徴――それのいずれも宗教的外観とは救い難いほど相違しているが――は、彼の機械論と彼の一元論である。機械論は、宇宙で起こる何ごとも全て自然法則の下で因果必然によって生起するという教理である。ある事象は、先に他の事象が生起した仕方と場所と時間において生起したが故に生起するのである。そして科学とは、これらの事象間の必然的結合の知識の総体である。機械論的な世界観においては、目的や価値の観点における事象の説明の余地はない。そこには遇然性や意志の気まぐれな自由は存在しない。人間の自分の行為を決定する原因について、只、無知であるが故に自由であると信じるだけである。人が何らかの幸運な出来事を遇然性や神の意志に帰する場合、それは単に神の意志を理解していないことを告白しているだけである。神の意志は「無知の聖域」(5)である、とスピノザは言う。人は何らかの客観的な善を実現するために行為しているのではない。善と悪は、心の中における単なる理念にすぎない。そして我々は、それを我々が欲求するが故に善と呼び、また、我々がそれらが善でないことを見出すが故に、それらを欲しない。【訳注4】

人間本性(人間の自然)を含めて全ての自然とその熱望は、このように機械論哲学によって、科学的な解剖と数学的な計算の前にあからさまに提示される。そこには何の神秘もなく、ただ無知だけがある。そこには何の奇跡もなく、ただ無知な人が理解できない自然法則の下での出来事だけがある。宇宙にはどこにも何の目的もなく、神の予定的作用もなく、一切の出来事と一切の事柄は、ただ機械的で論理的な必然性の法則の下にのみある。

一元論とは実在は一であると称する哲学の名前である。それは、我々に現われる事物の多様性は、基本的なものではなくて、その根底に存在するある単一性の現象にすぎないと主張する。スピノザの哲学は一元論的である。その根底に存在する実在性は実体と呼ばれる。しかしながら、実体は物体の一種でもなく、物体そのものでもない。むしろ、それは通常神に帰属される何らかの特性を有する。それは無限であり、永遠であり、全能であり、自己充足的である。それが他の一切のものの説明であり、根拠（原因）であり、それがそのものの本性の唯一の明示である。スピノザはそれを神と呼ぶけれども、それは人格的ではない。我々は、それ自体をあるがままには見ることはできず、我々自身のような存在者に現われるようにしか見ることができない。

それは我々には二つの側面乃至は特性の下に現われる――それは実際に我々が理解できない無限の異なる特性を有しているのであるが。我々が知っているその特性は空間と思想である。空間の特性の下では実体は自然的世界として把握され、無限の広がりを有し、その中では全ての運動は物理学の法則の下で生起する。思想の特性の下では、実体は心として現われる。そこでは思想と感情は心理学と論理学の法則の下で生起する。物理的と心理的の二側面は、その下で我々が一つの究極的な実体、即ち、神――それは本質的に物理的でないし、本質的に心理的でもない実体である――を冥想する。つまり、身体と心とは一つの実在性の現象なのである。それは相互に影響し合わないが、一方で起ることは何ごとでも他方で起ることに反響する。

もし何か奇跡的なことが、そのような世界においてあれば、それはこの必然性の概念の上に宗教的・道徳的哲学が建設されうるところの疑似奇跡（near-miracle）である。しかもスピノザが完成させたものがこれである。モンテーニュはこう書く。

更にその上、誰がその著者の悲惨な光景に感動せずに居られようか。祖国なき孤独で静かで勇敢な、見捨てられたユダヤ人の光景に。また誰が［そのような世界の］映像を造り、その時荒涼たるものを、キリスト教聖者の全熱意をもって、彼自身の荒涼たる心に取り込み、それを神と呼び、その冷たい抱擁の中で平和を見出したのか？(6)

この荒涼たる状態の中で、スピノザがどのように平和を見出したのか、また『知性改善論』の冒頭の文で開始した疑問をどのように満足させたのかを、今ここで私は許される限り簡潔に示そうと思う。我々は既にスピノザが彼の『神学・政治論』の中で、神法の内容と道徳法の内容乃至は理性によって確立される自然法とを、どのように同一視しているかを見た。宗教は何を為すべきかについての我々の知識の神的な源泉を強調し、神を道徳法の立法者と見なすが、他方、哲学は道徳法乃至は自然法の知識の源泉を啓示に依存するとはせず、また法則が神に依存するものとは見なさない。実際、スピノザの哲学においては、比喩的な意味以外では「神の意志」は存在しない。何故なら、神は人格的存在ではないから。哲学は、その法則の概念の基礎を、自然と人間本性の知識の上に置き、それが完全に洗練された場合には、人格としてでなく実体としての神の概念へと導く。このように神の哲学的概念は、大衆宗教では大層重要視される神人同形同性論的な要素から完全に解放されている。そして宗教的な人が神に向って感じる感動的で人格的な関係、及び祈りや賛美の行為において表わされる関係は、哲学者にとっては人間と、非人格的ではあるが一切を包摂する実在との関係にとって代わられるのである。

従って、宗教の真理とその倫理的な帰結は、形而上学的な真理とその帰結と、同一ではないが、対応しているのである。例えば、スピノザが『神学・政治論』の中で言う「罪のゆるし」は、神の栄光によって人間が得るのだが、それは改悟によって確保されるのである。しかし、スピノザ哲学の神は人格でなく許すことはできない。そこで、人間が遂行し損じなかった行為に対する改悟を正当化することは困難である。それでも尚、改悟による救済の宗教的な真理は哲学的対照物を有し、それに対する大衆的な隠喩と見なされても良いだろう。哲学的真理は、人が自己の視野を拡げ、自己自身を永遠の相の下における実体との関係において観ることによって、最早や、真の本質を襲撃するものに魅惑されず、本質的存在と運命からそれず、知恵の小径から脱落せずに生きることである。『知性改善論』において賞讃されたところの、人間的虚栄から知恵への転換は、より自由で、より満足な人生を約束する、より広い視野による罪の意識と再生の世俗版である。斯くして、スピノザは彼の哲学的な倫理学においてさえ、『神学・政治論』において示した宗教的な道徳の大衆版と矛盾していないのである。

例証をもう一つ。哲学的救済と宗教的救済とは同じことを意味しない。哲学的には、救済は天国に入るとか、或いは、神の個人的な愛の現前を享受することではない。哲学的には、我々が現実に存在する通りに自分を観ることであり、世界全体との関係において自分を観ることであって、宇宙の像を歪曲して、それが自分自身のまわりを廻っているとか、或いは神が我々の利益と徳育教化のために創造したかの如くに見做したりはしないのである。救済への小径は、宗教においては神の愛であって、これもまた世界全体の中の我々の位置づけについて、我々が満足できる概念の哲学的な補足物を有している。それがスピノザが神の知性的愛 (amor intellectualis dei) と呼ぶものである。

この救済への小径を辿ることが、『エチカ』の中の「人間の絆」と「人間の自由」と題する最後の二巻の主題である。スピノザが言うには、快楽とは我々が完全性の低い段階からより高い段階に到達した時の感情である。精神或いは身体の自然的機能が高揚した時に、いつでも我々はこの感情を有する。そこで、健康の改善、それは世界に対する身体の自然的調整であって快楽を伴う。また知識及び洞察力の進歩でも我々は精神能力を改善し、その中に喜びを見出す。愛とは、快楽の原因についての知識を伴った快楽の感情である、とスピノザは定義する。我々の理解力の増進は、常に快楽の感情を伴う、従って、この快楽を我々にもたらすものへの愛をも伴うのである。

我々は何ものをも、それの究極的実在性との関係において観るまでは、それを完全に知るとは言えない。その究極的実在性とは万物の根拠と理由であり、それは実体乃至は神である。従って、事物を永遠の相の下において観る人は必然的にこの悦びの原因に対する愛を感じるのであり、それは我々が神を知ることによってのみ到来する。これが神への知的な愛である。そのような永遠で必然的なものへの愛が、我々を移り変るものへの通常の従属から解放する。移り変るものの一時的な所有には永続的な満足はない。我々の神への愛によって、肉体的なものごとや一時的で不確実なものへの愛に存在する人間の絆から我々は救済される。我々は神への愛の知識に導かれて、道徳法と自然法によって要求される行為を喜んで行なう。その行為は今やある意味では大衆宗教の神法のそれよりも深い。それらの行為は美徳を構成するからである。美徳は、それ自身とは別のもの、即ち、恐らく死後に天国で享受するであろう幸福等へと導くのではない。有徳な人間の諸行為はそれ自身が悦びをもって行なわれる。「祝福は美徳の報いでなく、美徳そのものである」。

そこで、スピノザの哲学的宗教がここにあると言える。国家によって設立された教会で大衆によって行なわれる類の宗教でなくて、哲学者が自由において自らの思想を思惟することで行なわれる類の宗教である。それが賢人の宗教である。スピノザは彼の大著を次の言葉で結ぶ。

賢人は……精神において錯乱することは殆ど全くない。彼は、ある種の永遠の必然性によって、自己自身と神とものごとを意識しているので、常に彼の精神の真の承諾を所有している。たとえ私が示した、この帰結に到る道が極度に困難に思えたとしても、それにも拘らず、それは見出されるだろう。どうしてもそれは困難であるにちがいない。というのは、それは極めて稀にしか見出せないから。もし救済が容易に我々の手に入り、大した苦労もなしに見出せたら、それは殆ど全ての人によって無視されてしまうであろうが、どうしてそのようなことがありえようか。だが、総からく卓越した事柄は稀であると同様に困難なのである。[7]

原注

第三章　スピノザ

（1）"On the Improvement of the Understanding," *Chief Works*, trans. R. H. M. Elwers (London: George Bell & Sons, 1887), Vol. II, p. 1. (All quotations from Spinoza are from this edition.)

（2）"Theological-Political Tractate," Vol. I, p. 187.

（3）*Ibid.*, pp. 258-9.

（4）*Ibid.*, p. 262.

（5）Ethics, Book I, Appendix (Vol. II, p. 78.)
（6）William Pepperell Montague, *Great Visions of Philosophy* (La Salle: Open Count, 1950), p. 17.
（7）*Ethics*, Book V, proposition XLII, Note (Vol. II, pp. 270–1).

訳注

【4】本書の本文五二ページ「……我々がそれらが善でないことを見出すが故に、それらを欲しない。」の一行は、原文のP.36は"We…do not desire them because We find that they are not good."で、意味の整合性から"not"を補って訳した。

第四章　ヒューム

全英国の哲学者の中で最も偉大なデイビッド・ヒュームは一七一一年エディンバラで生れて、一七七六年そこで死んだ。彼の時代の知性的活動における彼の位置は重要である。ギボンに次いで彼はその世紀の最大の歴史家であり、またジョンソン博士に次いで彼は一八世紀後半の最も著名な文芸上の名士であった。スコットランドの牧師は彼の味方をする者を憎悪したが、彼の最良の友人の何人かは牧師であった。彼の敵対者らは、彼の哲学はマリー・オートレー・モンタギュー夫人の風刺詩の中に要約されるのが最適だろうと言った。即ち、「十戒から『勿れ』を取り去って、それを信経の中に入れよ」というものであった。それでも尚且つ、彼の人柄は大層良くて、彼の人物は誠に愛すべきものであったから、彼はほめられ愛された。ボスウェルは、これ程の不信心者がこれ程安穏と生き、これ程恐怖心なく死ねたことに信じ難い程の衝撃をうけた。しかし彼を同様によく知るアダム・スミスは次のように書いている。

私は彼の生前も死後も常に彼を尊敬していた。それは恐らく人間的な弱さの本質が成就しうる限りの完成された賢明で有徳な人物の理想に近いものとしてである。(1)

「不可知論」という語は、一九世紀にトマス・ヘンリー・ハックスリーが彼自身の宗教の見解を名づけるために、造り出された。それは宗教的教義の否定も肯定も充分な証拠に基づいていないとする立場を意味する。それは無神論と同じではない、というのは、無神論は神は存在しないことを積極的に肯定するが、不可知論は、単に神が存在するか否かを知ることができないと言うだけだからである。不可知論は宗教的な事柄における懐疑主義である。ヒュームは度々神は存在すると言う、しかし彼の言明は非常に制限と保留に囲まれているので、また、彼の哲学の他の部分では、その明らかな理由を殆ど示さないので、ヒューム研究者は彼を宗教的懐疑主義者と呼ぶに躊躇しないし、また時代錯誤だが不可知論者だと呼ぶ。

しかしながら、ヒューム哲学を全体として描写するならば、「経験主義」が最良の言葉である。経験主義者は我々の知識は感覚経験から生じ、それが将来経験に対しても検査されうる場合にのみ正しいことが知られると信じる。スピノザのような合理論者が信頼する純粋理性は、論理学と数学において真である、何故なら、我々はそこでは我々の観念相互間の関係のみに関心をおいているからである、とヒュームは言う。例えば、ある図形が三角形であれば、それの内角の和は必ず二直角に等しいことが理性によって知ることができるが、しかし、これが三角形であるという事実そのものをそのものとして決定することは理性には不可能である。世界に現実に存在するところのものごとについての問題に答えるためには、理性は感覚所与から出発して結論に到るまで感覚と共に作業し、更に将来の観察によって結論を検査しなければならないことを経験主義者は教える。

しかしながら、これさえも我々に確実な知識をもたらさない。記憶と我々の直接経験（例えば、「今、私は苦痛である」）以外の事実に関する事柄の一切の我々の知識は、我々の直接経験から他のあるものへの推理に依存している。これらの推理は全て因果性の原理に依存している。しかし、ある人が、例えば、「火はポットを沸とうさせる」と言う時、彼は何を意味しているのだろうか。もし彼が彼の知識は全て経験から来ていると言うのならば、それは彼が観察した全ての場合において、ポットを火の上に置いたことに水の沸湯が続き、その事が何度でも起きることを彼が期待することを意味するのでなければならない。この期待は単に我々の観念の間の知識に基づいているのでなく、またそれは我々が過去の経験に基づいて正当化できる期待でもない。何故なら、それは将来の経験にも関与するからである。それは将来を予告する経験を待ってのみ正当化できるが、それは将来のある場合、あるいは全ての場合に失望すべきものであるかも知れない。しかし、次回ストーヴの上のポットを見た時に、我々の予見が確証されたものと想定する。そして更にまた次の回に我々は予見して同様の状況にあり、更に尚、繰り返し全ての回でそうであったとする。そこで、自然の行程での我々の全ての知識は、精々良くて単に確からしい（蓋然的）と言えるだけのものであることが分かる。

形而上学的思弁と神学的思弁の申し立てられた真理は、論理的に必然的でもなければ、経験から導出されもせず経験において検査されもしない。従って、もしヒュームが正しいのならば、それらは全然知識ではない。それらは総べからく人間精神の能力の領域を超越した彼方に存在するのである。ヒュームは自分の認識論の革命的な帰結を完全に自覚していた。そして彼は『人間知性探求』を次のような妥協なき言葉で結ぶ。

これらの原理に説得されて図書を通読する時、我々は如何なる混乱をせねばならないであろうか。例えば、神聖書や学校形而上学の書籍等を手にした時、次のように自問しよう――「この書は一体、量や数（観念の関係）について何らかの抽象的な推論を含んでいるだろうか、否。この書は事実に関する事柄と存在について、何らかの実験的（つまり、経験的）な推論を含んでいるだろうか、否。ならば、それらを火中に投ぜよ、何故なら、それらは詭弁と幻想以外の何ものをも含まないからである。(2)

これは、宗教の純粋な合理性、あるいは自然についての我々の知識から神への推論の妥当性を信じている全ての人々に対する直接的な挑戦である。

これらの挑戦の第二は更に重大である。一八世紀は理性の世紀と言われているが、純粋理性の世紀ではなかった。英国の典型的な一八世紀思想家は、プラトン主義と合理主義の大部分の要求を見限ってしまって、理性活動の肝要な部分として、経験的事実の観察と収集の不可欠性を強調していた。ヒュームもこの見解に賛同して、真実の知識に到達する唯一の方途は、与えられた事実に対する推論によるのであって、純粋理性や、まして霊感や啓示や盲信的行為によるのでは全くない、とした。ヒューム以前の神学者たちは彼ら自身がキリスト教の神秘的要素を切りすて、聖書的乃至は教会的権威を受容する必要性を拒否することに不断の努力を払っていた。彼らはそれをキリスト教の本質的な合理性を、幾分スピノザの仕方で、好んで強調した。スピノザ合理主義の追従者たちと、ロックのようなヒューム以前の経験主義者たちは、宗教、特に英国のプロテスタント宗教は、誰もが観ることのできる事実とあらゆる理性的な人が行なう推論に基づくものであると論じた。

キリスト教の合理性というこの教義を、ヒュームは最も激しく否定した。理性の原理でキリスト教を弁護しようと企てる者は「危険な友であり、偽装した敵である」、というのは、「我々の最も神聖な宗教は、理性でなく信仰に基づくから。そして、宗教を［理性の］そのような公判にかけるのは、宗教を見捨てる確実な方法である、というのは、宗教は決してそれに耐えるのに適合していないからである」[3]、とヒュームは言う。宗教は理性でなく信仰に基づくものであるということは、当時の世論の傾向では、宗教は全く何ものにも基づかないと言うのと殆ど同じことであった。そういうことで抜け目のないスコットランド人（ヒューム）は、無宗教の責めから自らを無罪とした一方で、宗教に対して未曾有の気絶させる程の攻撃を加える用意をしていた。

さてそこで、一体何が、神学が理念の合理的体系であるとか、或いは観察された事実の合理的な解釈であると信じる人達によって示された証拠なのであるか。ヒュームは次の三つの細目を考察する。即ち、奇跡の発生、自然の秩序と調和、人類の共通の合意、である。

大多数の人は、宗教の最良の証拠は、歴史と自然の過程の中で神が直接介入を示すことであると想定される法外な出来事であると信じる。そのような介入が奇跡である。ヒュームの問題は、理性的な人がそのようなことが実際に発生すると信じるか否かを見つけ出すことであった。彼はこれを経験的な問題と見做した。彼は歴史家であったから、これを歴史的な証拠を計る問題と見なした。それが奇跡を信じなかったスピノザとは完全に異なる探求法である。スピノザは自然の機械論的な秩序の理論を受け入れていたからである。ヒュームは、形而上学的な解答では満足できなかった。彼は経験的な解答を欲していた。というのは、もし奇跡が実際に生起するならば、機械論的な理論それ自体が誤りだからである。

しかし、彼が自然の斉一性の我々の概念の経験的な起源を検査したところ、これは奇跡の生起に反する証拠であることを見出したのである。我々は、同じ種類の出来事が同じ条件の下で繰り返し観察されることで自然の法則を発見する。これは自然が全ての部分において斉一的であることの論理的な証明ではなくて、自然が斉一的であるという我々の確信を強化する一般化の集積である。自然法則は単に出来事の最も確からしい秩序の表現にすぎない。しかし、この確からしさが実際には確実性と同様に妥当する。

奇跡は、定義では自然法則の違反である。それは、我々が既に発見している法則によって単に説明できないだけの出来事ではない。世界にはそのような出来事が満ちている。それらは我々の無知の尨大さを示しているのであって、神の手を示しているのではない。否、奇跡は、発見されているか、或いは将来発見されるであろう如何なる自然法則によっても説明不可能な出来事なのである。従って、それは我々がどれ程多く自然法則を知るかに拘らず、不確からしいと判定されねばならない出来事なのである。従って、奇跡を信じる人は、神の力を信じるだけではなくて、未だ説明されていない多くの事柄を説明する人類の能力を信じない人なのである。確からしさ（確率）は常に奇跡の発生に反対である。それはひとえに定義から帰結する、というのは、自然の法則――奇跡はそれの違反である――は、これまでの我々が確証できる最高の確からしさ（確率）だからである。これは奇跡が不可能であることを意味しない。それはもし出来事の先行する尨大な不確からしさを計算するならば、不可能性の証拠が圧倒的に強いことを意味しているだけである。

そこで、自然法則は高度に確からしく、奇跡は高度に不確からしいところから、そしてまた、一つの出来事の確率が増大することが他の出来事の確率を低下させるところから、ヒュームは奇跡の証拠を計る法則を立ち上げた。それは次のものである、「如何なる証言も、奇跡を確証するには、確証しようと努力している事実よりも、尚更もっと奇跡の虚偽性が奇跡的である場合でなければ充分とは言えない」[4]【(訳者補足) 換言すれば、奇跡を否定する証言が奇跡的(生じ難いもの)でなければ、奇跡は認められない、ということである】。

これが歴史家が出来事を計測するのに用いる法則である。二つの同時的な記録が相互に衝突する場合、例えば、一つの記録はナポレオンは一八二一年に死んだと言い、他の記録は彼は一八二六年にルイジアナで見られたと言う。どちらがより確からしいか。両者が真実であるか、あるいは、少なくとも一つの記録が間違っているのか。その答えは明白である。さて、そのどちらがより奇跡的か、ということである。ヨシアの民が彼らの敵を虐殺するのを止めている間、太陽は停止していたはずであるか、あるいは、語り手が誤りをしたかである。ヒュームは、この問題に対する答は同等に明白であると考えた。

我々は、太陽が停止することは極度に不確からしいという推論の天文学をよく知っている。また我々は、大きな戦闘の間に起こったことについての虚偽の報告が全然不確からしくないという推論をする人間本性をもよく知っている。不思議を愛好したり他人を驚かせる喜びが人間には自然にあるが故に、正直な人々でも時としてよりよい話を作るために物語を粉飾することを、我々はよく知っている。

しかし、もし宗教の精神がそれ自体で驚異の愛好と結合すれば、常識は終りである。そしてこの状況下では、人間の証言は権威に対する主張を全て失う。ある宗教家は情熱家であるかも知れない。そして彼が実在性の無いものを見ると想定しよう、彼は自分の語りものが虚偽であることを知っているかも知れない、しかしそれでも尚、非常に神聖な原因を増進させるという世界における最善の意図で、それに固執する。あるいはこの幻想に場所が得られない場合でさえも、強力な誘惑に刺激された虚栄心が、別の状況下にある他の人々に対してよりも、彼にはもっと力強く作用するし、また私利も同じ程の力で作用する。彼の聴衆は通常彼の証拠を詳細に調査する充分な判断を持てない。たとえどのような判断を持ったとしても、それらの崇高で神秘的な問題では、彼らは原則的に判断を放棄する。たとえ彼らが悦んでそれを採用するにしても、情熱と熱せられた想像力が正常な判断作用を混乱させる。そして聴衆の軽信が彼の厚かましさを増大させ、また彼の厚かましさが聴衆の軽信を圧倒する。(5)

そこで、ヒュームは、歴史的方法と人間の弱さのこの現実的評価の通常の基準を適用して、次のように結論する。

全歴史を通して、一切の虚偽に対抗して我々を護るだけの問題なき良識と教育と学識のある、充分な人数の人々によって検証された如何なる奇跡も見出されていない。その人々は、他人を欺くために企画されたあらゆる疑惑の彼方に奇跡を位置づける疑う余地なき完全性の人々であり、また人間の眼にどのような虚偽が発見された場合にも、寛大に赦免するだけの信任と評判の人々であり、また同時に発見を不可避的にせしめるように、公開の方法で、また世界の公表された部分において、事実の検査を補足する人々なのである。(6)

ヒュームは、奇跡の受容は宗教にとって貧弱な基盤に他ならないと信じていた。また奇跡を信じることは、神の存在のより良い証拠を使用する妨げになるとも信じていた。その証拠とは、自然の荘厳な機構における企画と秩序の存在である。人は、これを全知全能なる自然の完全なる作者の手細工として主張すると同時に、この作者が成就した自然の過程へと、ある神が介入したことを示す、通常でない説明不可能な奇跡的なるものがあることを信じると、正直に言うことはできない。もし奇跡が起って、それが何らかの宗教的な意義があるとすれば、人間の利益あるいは徳育教化のために、自然改良の介入をする特定の摂理（providence）があることが示されなければならない。逆に、もし自然の秩序が存在し、それの宗教的な意義が何かあるとすれば、そこには全般的な摂理が存在することが示されなければならない。その摂理は自然を成立させて、自然の秩序正しい過程において特定の奇跡の介入の後思案の必然性なしに、畏怖の尨大さにおいて現在も自然を維持しているのである。それを君は両方の方法で有することはできない。秩序か介入か、であって両方ではない、とヒュームは言う。そしてヒュームは、秩序による議論の方が比較にならない程より良いと考えた。

そのより良い議論の彼の分析は、遺稿『自然宗教に関する対話』の中に見られる。自然宗教とは、自然の事実、特に科学的発見で明らかにされた事実に基づく、宗教的あるいは、むしろ神学的な信仰を意味する。最も重要な証拠は自然の秩序と調和であり、その証拠は知的で恩恵的な企画を暗示するために採用される。自然神学は啓示神学と対照される。啓示神学は聖書の中の啓示や奇跡、あるいは、個人が主張する私的な奇跡や啓示に基づくのであり、それらは全て我々の、理性ではなく信仰心に語りかける。従って、自然神学は、信仰の時代の曖昧主義に反抗した冷静な理性の時代において卓越した地位を得たのである。

注釈や短い要約で『対話』を正当に評価することは可能ではない。人はヒュームの哲学的著作の大半の議論や結論を要約することはできるが、その場合、要約では文体の鋭さや機智が失なわれていることを後悔するだけである。だが実は『対話』の議論と結論の要約さえもしかねるのである。というのは、そこには不可避的な結論に到る議論の真直な線がないからである。そのような講述は、ヒュームが何の確実性もないと考えていた、特に宗教のような事柄では適切であることが、この作品が論文として構成されていないという事実によって認められる。それは対話であり、その中で種々の部分が、充分に確立され鋭く定義された見解の単なる抽象的な代表者によって語られているのでもなく、また話し手によって勝ち取られた勝利が、全て作者のために勝ち取られているのでもない。三人の話し手、デミア、クレアンテス、フィロは、生きているみたいで、彼らの議論が進むにつれて、展開する見解の間の境界が幾分曖昧になり、実際の会話におけるように、各人が他から学び、それを考慮に入れるために自分の見解を変容させ、一時的にある対話者と結合したり離反したりする。それにも拘らず、各人は大いに胸に一物がある。

デミアは正統派の合理論者で、スピノザと異ならず神の存在と本性のための論義を行使して、自からの宗教的教理の合理論的な確実性に固執する。クレアンテスは自然神学者で、自然の企画の証拠から神の存在の高い確率を推論する。フィロは懐疑論者で、二人を非難するが、デミアよりもクレアンテスの方が独断性が少ないとして、度々クレアンテスの側に立つ。

我々は通常、フィロが『対話』におけるヒュームの代言者であると推測する。そして、確かにフィロの弁説の中には、他の作品よりも多くヒュームを知るところがある。尚且つ、『対話』の語り手であるパンフィラスは、驚くべきことにクレアンテスを英雄として扱い、ヒューム自身からは期待し難い言説をクレアンテスの口から言わせている。ヒュームは巧妙な文芸職人で、解釈者にとってのこれらの謎が、彼の側における何らかの不注意によるものとは推測できないので、我々はこれらの謎には何らかの意図があるものと推測しなければならない。この『対話』が書かれた頃、ヒュームには宗教に対する懐疑的態度に動揺があったとか、読者に対して彼の宗教的見解を隠そうとしたとか、私は思わない。結局彼はまともな読者たちを繰り返し焦ら立たせた。そして、彼は論争が味気無いと思ったにも拘らず、生前にこの作品を出版する企画はしなかった。

この謎に対する説は恐らく次のようであろう。懐疑論者にとっては、独断論者の役割――独断論的懐疑論者（それは開かれた心を保持しなければならない）の役割――を果すことは相応しくない。しかも、あたかもフィロとクレアンテスという二人の彼の話者の合作であるかのような、しかも両者に賛同的なヒュームの見解を表現する、独断的で論争的な意図がそこにはあった。たとえそうであったとしても、神の存在が問題なのではなくて、単に神の本性が問題なのであると言っている事実と、またフィロが最終的には、世界の企画者（神）が、多分人間精神と何らかの類似性をもっていた――彼がくり返し攻撃した——ことに妥協したという事実が、この『対話』が、ヒュームそのものを理解する上で謎めいた記録となったということである。

世界創造の企画から神の存在を証明する古典的な議論は、旧約聖書の「詩編」やプラトンの昔から見られるが、第二『対話』の始まりでクレアンテスによって述べられる。

世界を見廻して全体及び各部分をよく熟慮しなさい。君はそれが一つの偉大な機械以外の何ものでもない事を見出すでしょう。それは無数の小さな機械に分解され、更に分解されて、追求し説明する人間の感覚と能力の限界を越えたところへ到る。これらの種々の機械及び最微小な部分に到るまで全ては、それについて考察して来た全ての人々を賞賛で狂喜させる程の精巧さで相互に調整されている。全自然を通して目的に対する手段の巧妙な適合性は、人間の考案の産物をはるかに越えているけれども、人間の企画と思想と知恵と知性に正確に類似している。従って、諸結果が相互に類似しているので、類比の全法則によって自然の作者は、人間の心に幾分かは似ているのであろうと推測するように誘導される。元より彼が遂行した作品の壮大さに比例して、はるかに大きな能力を所有しているのではあるが。(7)

この議論が一見してどれ程確信的であれ、また、この議論の主要な二人の批判者（ヒュームとカント）によって批判された後でさえも、これの欠点が暴露された後でさえも、ヒュームとカントは、これ（神の自然神学的存在証明）は効果的で尊敬に値することを是認した。その欠点の暴露とは、ヒュームがこの中に彼の疑念と皮肉を目覚めさせるものを多く見出したことである。即ち、一方では世界と神の間の類比（analogy）が、他方では機械とその製作者との間の類比になぞらえられていることは、世界と、芸術や船や家や生物の起源との間の類比に他ならないこと、そして同じ議論によって、これらの類比から我々は、芸術家、建築家、両親等のようなものとしての神の概念を得ていることである。我々が自然の観察からは得られない何らかの先験的な神の概念を有しない限り、我々はいずれの可能的類比を選好すべきか知らないはずである。即ち、我々は世界の構造において、何が最も典型的・模範的であるかをただ単純に知らないだけなのである。

更に、世界の部分から全体を知ろうとする我々は、理性に対する全体としての自然について、何ら確実には殆ど知らない。我々は「石、木材、鉄、真鋳、れんが等は、この時代には地球の小さな球の中で、人間の技術や考案なしには秩序や配置を有しなかったこと」(8)を知っている。しかし、そのことから我々は、全ての配置は人間の心に似た如何なるものに依存していると推測することもできない、とフィロは言う。広大無辺の宇宙の空間と時間の中で、物質はそれ自体で組織化されなかったのか？　この質問はヒュームによってなされた。ヒュームは、その数年前にカントが太陽系の秩序を、ニュートンの運動の法則を参考にして、企画の仮説なしに説明した試案を知らなかった。カント-ラプラース説は、星雲の物質がそれ自体で実際どのように太陽系へと組織されるかという仮説あり、これは常に企画による創造論に対抗する参照物を有していた。我々が自らの知性と技術を使って、技術的に物質を組織するからと言って、全ての組織化が、それの原因として心を有していると想像する根拠は存在しない。そのように想像することは、「小百姓が自分の家庭経済を王国政府の統治と思いなす……」[9]ような詭弁である。

天文学的宇宙の広大な崇高さで始まる全てのそのような議論は、神人同形同性論[10]という神聖性の下らぬ概念に終る。それは、組織化は宇宙そのものに本来的であるとする（スピノザのような）概念よりも、もっと宗教的な謙虚さに欠けるし、非知性的で説得力に欠けるものである。

「神人同形同性論」【（訳者補足）Anthropo-morphism＝（ギリシア語の Anthropon 人間＋morphe 形）】とは、神聖性を具象化して、人間の姿・形、性格で表現して崇拝する思想で「擬人的神像」とも呼ばれる。これに対する批判と反論は、古代ギリシアのクセノパネスが「仮に牛や馬やライオンが手をもっていて、人間と同じように描き作ることができるなら、牛は牛のような、馬は馬のような姿に神を画くだろう」と嘲笑するように、古来なされて来た。

多神教の場合は、特に神々の像が人間的形像に具現化される例が多いが、キリスト教（一神教）でも、

神そのものではないが、聖母マリアや聖人の聖画像や聖像（icon イコン、アイコン）として具象化して崇拝する。【訳注５】

だが、もし我々が卒直に類比的に考えるならば、神聖の神人同形同性論的な概念は、最終的に何ごとをも説明せず、むしろ我々を無限背進へと誘導し、そこでは企画者の概念は、宇宙それ自体が企画する概念よりも、究極的な答に近くないことが分かる。というのは、考えてみよ、我々が知っている唯一のものである自分の心が、我々の力の外部のあらゆる種類の条件に影響されている。従って、我々は世界秩序の原因としての心――この点に関して我々が知る唯一の心とは全然類似していない心――を類比に従って想定する権限は有しないのである。この神的な心に関して、丁度我々自身の心に関してと同様に、「何がそれを生ぜしめたか」と問うことができるだろう。これは第一原因としての神への信仰者が問うことのできる質問と同じ質問ではなくて、彼がもし、原因を有するところのことから類比的な議論によって、この概念に到達できれば、それが彼が問うべき質問なのである。

我々は既にこれまで神の所謂自然的属性について語ってきた。それによって彼（神）は自然的秩序の作者であると想像されている。しかし、道徳的、あるいは価値の秩序についてはどうであろうか。キリスト教自然神学者がするように、恵み深い神に賛同して類比によって議論する者は、神の偏愛に不正に札をそろえて不正直な議論のみを進める。彼らは自然の中から神の賢明で慈悲深い摂理を示す部分のみを選び出しており、公正な眼には世界は人類の利益になるようには企画されていないことを示す他の部分は無視する。世界には美や調和や幸福と同様に、疫病も邪悪も苦悶もある。もし我々がそれを総て唯一全能の神の働きに帰属するならば、世界の中の邪悪は、我々がもつ神の善良さの概念と相容れないものとなるであろう。またもし完全なる善性を神に帰属するならば、邪悪さが我々に神の力を問わしめるであろう。もし我々が自然の秩序と調和から論じ始めて、賢明で恩恵あふれる創造主へと到るならば、それと同様の類比で、あからさまな無秩序と邪悪な創造主へと、あるいは神の有力な敵対者へと到るべきなのが正直なところではないか。

他の何らかの根拠に基づいて、全能で完全な創造主の存在を信じることで、神学者は神の業の問題の扱いにおいて、この神学的仮説と合致する世界の邪悪なるものの多くの巧妙な説明を我々に与えることができる。例えば、邪悪さも、神の栄光によって、人類の把握を越えたある神秘的な方法で、善を成すであろう、と。ヒュームもこの可能性は容認する。しかし、そのような神の存在が確立されるまでは、我々は善と並んで悪をも受け入れなければならない。そして、善であれ悪であれ、見出される何ごとにも同じ比重を与えなければならない。

我々は、神のそれらの属性について、我々が見出す事実――その事実がたとえ何であれ――を説明するのに当って、不可欠で充分なものだけを議論すべきである。もし我々がそうすれば、世界のものごとの無限の多様性から考えられうる尨大な多様な類比は、一神教の概念にとって何の貢献もしない。また、それとは全く似ていない世界の企画による議論は、一神教よりも多神教の方により好都合である。その上、我々はこの方法で完全なる神の概念を論ずることができない。その存在が類比によって証明される神性は、全く単に事実を説明するに足るだけのものであって、少しもそれ以上のものではない。しかし、完全なる存在者としての神――それは証明されなかった――の先験的概念から離れて、我々は、この世界が完全なる存在者によって以外には創造されえなかったと考える理由はない。何故なら、我々はあらゆる可能的な世界の中で、この世界が最善であることを知らないからである。

よくは知らないが、上級の基準に比較すれば、この世界は非常に罪深く不完全である。これは何か幼稚な神の最初の粗野な作品で、彼は自分の不具の作品の出来ばえを恥じて後になって放棄した。これは幾分か従属的で劣った神性の作品にすぎない。だから彼の優越者から嘲笑の的となる。そして、彼の死後以来、彼から最初に受けた衝撃と活動力で、それは珍しい経験を続けている。[11]

しかし、企画によるこの議論に対するヒュームの最終判決は驚く程隠当なものである。理由はよく分らないが、ヒュームは次のように結論づける。世界は何か企画に似たものから生じること。その企画者は何か人間精神に遠い類縁性を有しているかも知れないこと。しかし、彼は道徳的よりも知性的に似ていること、などである。それにも拘らず、そのような推論は、何か宗教的な意義を有するには余りにも不確実である。その推論は、宗教的な人物が自分の信仰のために要求する確実性を有しない。従って、思想家に対する最も適切な態度は、証拠の狭い形態に対して自分の信仰を注意深く適合させること、また正直に得られる証拠以上のものを無理にしぼり出そうとしないこと等々を冷静に保つことである。もしも宗教的感情における慰めと確信を得ようとするならば、それは証拠の公正な検査からは決して生じないと知るべきである。「文芸人として哲学的懐疑主義者であるために肝要な第一歩は、健全で信仰心厚きキリスト教徒であることである」[12]とヒュームは結論する。何故なら、その反対に仮に彼が懐疑主義者でなく、経験的所与で働く理性が、宗教的問題に正しい答を確立しうると考えるならば、それらの答はキリスト教神学者によって要求される答とはならないだろうからである。従って、キリスト教徒にとって唯一の正直な態度は、理性に正統信仰を基づける態度を要求することでなく、信心の態度である。

　これは、ヒュームが理性より信仰を愛好したという意味ではない。それは只、もし君が宗教的であろうとするならば、君の信仰をバックアップするために理性に訴えることはできないことを意味するだけである。このように二度にわたってヒュームは皮肉っぽくまた幾分不誠実な仕方で、理性能力の領域の彼方へと信仰を押し進めているようである。

神学的信仰の第三の種類の証拠は、人類の共通の合意に訴えることである。プラトン主義者や有神論者は、あらゆる個人またあらゆる国民の意識の中には、宗教の普遍的な妥当性に集約される生得的な宗教感情がある、がしかし、それらは宗派心の強い司祭の狂信と策謀によって妨げられ、あいまいにされて来た、と論じる。そこで、人がもし神学と祭礼の敬虔なる呪文から一切解放され脱出できるならば、人は自己自身の内に、神の純粋で理性的な信仰の輪郭を見出すであろう、と彼らは信じた。

ヒュームは、一方では隠謙な神学者による奇策をこらした信仰の労作の妥当性を全く信頼していなかったわけではないが、他方では未開人類のこの原初的な訴に満足する方向にいささかでも傾いていた訳でさえもなかった。そこで彼は一七七五年に『宗教の自然史』を出版した。この書の問題は、部分的に人類学的で、部分的に哲学的で、部分的に倫理的である。その問題とは、一体原始人の宗教とは実際はどのようなものであったか、何故に彼らは信仰を持つに到ったのか、そして何が彼らの信仰を変化させたのか、また、この原始宗教は、神学者のずるい言い抜けが暴露された後も、どれ程残存したのか、等々である。

ヒュームは正しく答えている。人類の原始宗教は、有神論者の合理論的な宗教ではなく、殆ど大部分が神人同形同性論的な類の多神教であった。原始人は多くの神々を信じ、それらは各々人間的特徴をもった人格的乃至は漫画化されたものさえあり、有徳的であるよりもむしろ度々禍恨的であった。原始的な神々は、不可思議な存在であり、人間のいくつかの感情を、奇策と巧妙な仕方で妨害したり、あるいは援助したりした。ヒュームは明言はしないが、人間が自分のイメージで神々を創造し、原始人によって懐かれた神的イメージが何ら驚嘆すべきでも賞賛すべきでもない、と信じていたことは確かである。彼らの神々は、人間行動の模範ではなく、むしろその崇拝者の多くの者の道徳的向上よりも著しく劣っており、度々神々の振舞よりも、崇拝者の方が良いと信じられた。彼らは世界創造主でも世界秩序の維持者でもなくて、お接介焼きの悪魔で、その極悪な気まぐれを制限するために、奇術や生贄で慰めなければならないと考えられていた。ヒュームはこれら原始人を「迷信深い無神論者」と呼び、無邪気な有神論者とはしなかった。一言で言えば、原始人の信仰は、啓示神学が有神論者と対立していたのと同じ程、有神論者の教理からかけ離れていた。

神性のより精神的な概念は、ずっと後代になってから、しかも非常に不完全にのみ、漸次、野蛮な迷信深さと偶像崇拝に取って代った。その時でさえも、この改良は理性的な議論や道徳的啓蒙によるのでなく、殆どが神々相互間の推測上の戦闘に加担した人間どもの行為に由来している。その際、より強大な権力は勝利した部族の神々の方に勝ち取られた。斯くして一神論が、戦争を媒介として、多神論に取って代ったのである。粗野な神人同形同性論から、神の精神的、倫理的概念への移行は、後の時代になって、ゆっくりと、しかも今日でも尚不完全で不安定である。我々は現代でも容易に原始的な思考方法へと逆戻りして、どのようにして我々の神々を悦ばせるべきかと考えてしまう。

道徳性以外の何ごとも神の好意を得ることはできないと明確に断言することにのみ、大衆宗教は見出される――決して起らないことではあるが――と我々が想定するならば、また、司祭の命令は日々の説教において、他のあらゆる説得と共にこの意見を教え込むようにのみ設定されているならば、――それでも人々の偏見は非常に根深いものであるけれども――他の迷信が何もないので、人々は、宗教の主要素を、美徳や道徳的な善に置くよりも、これらの説教へ出席することに置くであろう。(13)これの皮肉が牧師に理解されなかったとは考えにくい。

我々は、宗教的迷信の粗野な形態を無くして来たことを誇りにして良いだろうか。疑いなく、否。しかし、それでも来世的宗教は、人間道徳に対して二つの悪いことをしている。というのは、人間本性から生じて、人の社会的共感によって是認される諸行為に対して、それはカルトジオ修道会【訳注6】の美徳で代行させて、通常の人間生活を正しくする諸行為を助けたり、制裁を加えたりしないからである。

貸付けを取り戻したり、借財を支払ったりすることにおいては、神性についての人間の概念は少しも神の恩恵を受けない。何故なら、正義のこれらの行為は、たとえ神が宇宙に存在しなくても遂行すべく義務づけられており、また多く人が遂行するであろうことだからである。しかし、もし彼が一日断食したり、むち打ち音を彼自身に与えたりするならば、これは彼の意見では、神の礼拝に直接関与する。他のいかなる動機も彼をこのような耐乏生活に従事させない。奉仕のこれらの顕著なしるしによって、今や彼は神の好意を得て、その報いとして、この世での保護と安全を、また来世での永遠の幸福を期待して良いのである。[14]

宗教は、人間的品位の通常の概念を支持しないまま放置するのみならず、人間の努力や献身や競争を、人間の最高基準以下の堕落した基準へと向けさせる。そのことで通常の道徳的概念を転覆させる。というのは、宗教的な基準は、未だ啓蒙されない原初の時代に聖書の中で規範とされたからである。人間の「暗い不安」がそれらを神へと帰属させる。それは「人間的被造物においては厳しく非難される行動の基準である。だが、彼らの献身的な請願の対象における、あの行動を賞賛し崇拝することに影響するにちがいない。その行動に彼らが、もし社会の中で遭遇したなら、非難するであろう行動である」。[15] これは真の信仰者を偏狭な信仰の方へと進める。というのは、「永遠の救済という非常に重大な関心に断えず留意することだけでは、博愛の情を消し去って狭い萎縮した利己心を生じさせるからである」[16]。自分の基準が宗教によって制裁を受けたり是認されたりしない、より啓蒙的な人においては、もし彼らが混乱に巻き込まれたくないと欲すると、それは偽善を生じさせる。

これが大衆宗教に対するヒュームの主要な批判である。それは理論的より道徳的な譴責である。大衆宗教は、無害なものであるとか、ましてや無知な大衆を制御する有用な装置であるどころではなくて、道徳に悪い基準を注入する。それは、些末な儀式への奴隷的な注意力を強調して、もし恐怖を吹き込む神秘や脅迫で歪められなければ、人々の自然的な共感や仲間意識で為したであろう事柄から人々の心を転じてしまう。斯くて、ヒュームは彼の同時代人であるギボンと同様に、宗教は人類史における不運であり、知的進歩のみならず道徳的進歩をも遅延させたし、今も尚遅延させていると結論する。

それ故に、賢人はそのような悪意ある愚劣さに囲まれていたので、もし彼自身が遺恨や迫害から遁れることができさえすれば、彼は神学者らとの論争にはかかわりになりたくなかったであろう。宗教的確信が、世界について、また人間の愚行についての冷静な思考に取って代わることを賢人が諦めた時に、空虚さが残された。エピクロス的な神々のように、彼は恐ろしい闘争から身を引くであろう。

宗教のこの主題に関しては、疑念や不確定や判断の保留等が、我々の最も正確な精査の唯一の成果であるように思える。しかし、そのようなことが人間理性の脆弱さであり、また宗教の不可抗力的な接触感染であって、この熟慮の上の疑念さえも殆ど支持されることがない。そこで我々の見解を拡大させずにおれば、また、迷信の一つの種子を他の種子に対抗させて、彼らに喧嘩を止めさせよう。彼らの猛威と闘争の間に、我々は、漠然とはしているが静寂な哲学の領域へと幸運にも逃避することができるのである。[17]

原　注

第四章　ヒューム

（1）Letter from Adam Smith to William Strahan, November 9, 1776. This letter was published in 1777 together with Hume's autobiography.

（2）*An Inquiry Concerning Human Understanding*, edited by Charles W. Hendel (New York: Liberal Arts Press, 1955), p. 173.

（3）*Ibid.*, p. 140.

（4）*Ibid.*, p. 123.

（5） *Ibid.*, p. 125.
（6） *Ibid.*, p. 124.
（7） "Dialogues Concerning Natural Religion, "*Hume Selections,* ed. Hendel (New York: Chas, Scribner's Sone, 1927), pp. 302-3. All subsequent page references are to this volume.
（8） *Ibid.*, p. 310.
（9） *Ibid.*, p. 309.
（10） *Ibid.*, p. 332.
（11） *Ibid.*, p. 332.
（12） *Ibid.*, p. 401.
（13） "The Natural History of Religion," p. 279.
（14） *Ibid.*, p. 280-1.
（15） *Ibid.*, p. 277.
（16） "Dialogues Concerning Natural Religion," pp. 394-5.
（17） "The Natural History of Religion," p. 283.

訳注

【5】　イコン（icon）はギリシャ語で「像、姿」の意味。モーゼの十戒の第（2）に「刻んだ像を造ってそれらを拝んではならない」とあるように、ユダヤ教から偶像崇拝は戒律で禁じられている。がしかし、視覚は最有力認識力であって、「見えるもの」から導入する方法は宗教信仰の補助手段として広く用いられている。聖母マリアが生誕のイエズスを抱く画や、十字架上のイエズス像、その死体を膝に抱き悲しむマリア像「ピエタ」等は芸術作品としても西洋文化に大きな位置を占めている。

【6】　カルトジオ修道会

フランスのシャルトルーズ（ラテン名でカルトゥジア）に一〇八四年ブルーノによって建てられた観想修道会。孤独と沈黙の裡に「祈りと労働」Ora et Labora の禁欲的な自給自足生活をして、清貧、貞潔、従順を美徳とする修道会の中でも、特に生活の厳格さで有名であったところから、ヒュームが通常の人間生活の正しさと対照させたと考えられる。

第五章　カント

イマヌエル・カントは一七二四年に東プロイセンのケーニヒスベルクで生れ、一八〇四年その地で死んだ。彼はヒュームよりも若年の同世代人で、その著作に深い影響を受けた。カントに主要な影響を与えたものは、他に科学、宗教、そしてもう一人の人物ルソーであった。カントは科学の発展に大きな感銘を受けた。彼自身が有能な物理学者であり、天文学者であり、地理学者であり、数学者であった。科学における彼の名は星雲説の著作で知られており、それは今日尚カント・ラプラース説として知られている。天文学説としては、後に他者に取って代わられたが、天文学史における一歩としては決して過大評価とはならない。その中でカントは、自然の中への神の介入に依存することなく、物理的法則を用いることによってのみ太陽系の起源を説明しようと試みた。彼は言う、科学における全ての説明は、本質において物理学的な説明でなければならない、そして、もし我々が少しでも企画（design）の思想をもつならば、それを物理的原因を発見するための誘導的な仮説としてのみ用いるのが妥当であろう、と。

カントの生涯における宗教的影響は、敬虔主義として知られる宗派から来ている。敬虔主義は、後に英国にも現われるメソジスト教に少し似たところのある、ドイツにおける宗教運動であった。敬虔派――少なくともカントの謙虚な家族と近かった敬虔派は、実直な行動と簡素な信仰に、殆ど実際独占的な大きな重点をおき、儀式や神学的論争とは関係しなかった。後に彼が学校へ通うようになった時には、もっと敬虔主義の過剰な本性にさらされることになる、即ち、教会の礼拝式への参加や、それに喜んで参加しない子供の堕落を過度に強調することで。そこでそれ以来カントは拝礼が疎ましくなり、決して自分からは教会へ行くことはなく、神学的著作と平行を保ったけれども、宗教の組織的な形態について良く言うことはなかった。

カントへのルソーの影響は、主として普通の人間の尊厳に対する敬意と、強度な共和政の政治理論に見られる。カントはフランス革命とアメリカ独立革命の両方のパルチザン（党派心の強い者）であって、そのどちらかに賛同することは、時としてドイツにおける自分自身に疑念を向けることでもあった。

ドイツの著作家ヘルダーはカントの学徒であった。多年の後、両者の哲学的立場の相異で関係が辛辣になった後でも、ヘルダーは彼の教師への尊敬を尚も表わして、次のように言う。

私はある哲学者を知る幸運に恵まれた。彼は私の先生である。彼の盛時には若者の活発さがあった。彼は大層老人になってさえも思考の為の広い額は、不動の快活さと悦びの座である。豊かな思想の弁舌は彼の口から流れ出る。遊び心、機智、ユーモア等々は彼の意のままである。人間及び人民の歴史、自然史及び科学、数学と観察知識は、彼の講義と会話を活気づける源泉である。彼は知る価値のあることには何事にも無関心ではいられない。陰謀、派閥、偏見、名誉欲等は、決して彼の真理の拡大と反映を誘惑することができなかった。彼は、他の人々には自分で考えるように励まし、優しく強制した。独裁は彼の精神には全く無縁であった。私が最大の尊敬と感謝の念を以て呼ぶこの男の名はイマヌエル・カントである。(1)

これは高度の賞賛であり、やがてカント哲学と対立することになる偉大な人物の言葉として、疑いもなくより深刻に受け取るべきである。

カントの生涯は、静かで事の少ないものであった。ケーニヒスベルクの主婦が、カントの規則正しい毎日の散歩に時計を合わせていたという話は誰でも知っている。ハイネはカントの生活は規則動詞の最も規則的な規則性と共に経過したと称している。カントは彼が生れた市の近郊を決して離れることがなかったと誰もが聞かされている。しかし、ヨーロッパ各地から学者たちがケーニヒスベルクへ来て、彼の講義を聴講し、食事での談話に参加した。カントをその時代の偉大な談話者として知らしめた時に、カントが有していた思想を説明することは簡単なことではない。

それがなければ全く静謐であったはずのカントの生涯の中で、多分唯一の実際の興奮は、宗教問題について教えたり書いたりすることを王から禁じられたことで起こる。この検閲による禁止は、カントの宗教の主著が出版されてすぐに発せられた。既に出版の途中から検閲官と争議になって、カントはそれの出版のために幾分か遠廻りの手続きを採用しなければならなかった。この発禁に対するカントの応答は次の如くである。「閣下の忠良なる臣民である限りにおいて、私は宗教問題について出版したり教えたりしないことに同意します」。しかし、フリードリッヒⅡ世が死去した時に、カントは再び彼の宗教思想を出版するのは自由であると思った。その時、王の検閲官への服従の書式の中に隠された精神の留保をカントは説明した。即ち、彼はフリードリッヒ・ウイルヘルムⅡ世の下臣としては禁令に拘束されていたが、王の後継者に対しては、これに拘束されない、と。この巧妙な策略のお陰で、我々は十八世紀の最も重要な宗教論『理性のみの限界内における宗教論』【訳注7】の出版を得られたのである。

ところで、この著作を取り上げる前に、カントがこれに次第に近づいた経緯を辿らなければならない。彼の最も重要な著書は、一七八一年に出版された『純粋理性批判』である。この厖大で難解な哲学の傑作は、その目的の一つとして、人間の知識は経験することのできない事柄にまで拡張できないことを示すところにあった。この点に関してカントの結論はヒュームのそれと幾分同じである。しかし、彼らは非常に異なった経路でそれに到っている。そして、残念ながらカントがその「いばらの小径」と呼んだものを詳細に追跡することは難しい。しかし、最後に結論は明解である。即ち、形而上学、乃至は究極的実在性の知識とか超感性的な世界は可能でなく、我々の一切の知識は現象界乃至は自然の世界に限界づけられている。現象界は我々に知られ得ない実在性の現象にすぎない。この世界に関しては、科学的知識が客観的に真である。

形而上学の伝統的視野の中にある対象は、勿論、神である。カントは、形而上学を論難することによって、我々が神について何らかの知識をもつことができる可能性を否定する。神の存在を証明できると信じていた哲学者たちは、カントが見出した人知の限界を踏み越えていたのである。しかし、カントは、これらの証明が形而上学に属するが故に不当であると直接書く代りに、長いこみ入った議論で、神の存在についてのこれらの証明は誤謬であることを示した。

神の存在についての古典的な議論は三つあって、カントはそれらを逐一検査する。それらは存在論的証明、宇宙論的証明、目的論的（乃至は、企画による）証明である。

存在論的証明は十一世紀にアンセルムスによって発明されたが、しかし、トマス・アクイナスによって否定された。それが十七世紀になってデカルトによって復活され、スピノザによって用いられた。それは、神の存在を、完全なる存在者としての神の定義によって証明する。即ち、ものの定義によって含まれる如何なる性格（述語）も、そのものに適用されなければならない。その議論では、完全なる存在者は、一切の完全性を所有していなければならない。何故ならば、もしそうでなければ、それは完全ではありえないからである。存在は完全である、従って、神は存在する。丁度、「三角形は三辺を有しない」

は自己矛盾的概念である。そこで、「非存在的な完全なる存在者」も自己矛盾的であると言うべきである、という論法である。

カントは、この論法を次のことを示すことで論破する。即ち、「存在する」は全く述語ではない、従って、仮に完全なる存在者が事実上存在するとしても、「存在する」は完全なる存在者の述語ではありえない、ということを示す。文法では「実在的」という語は、「完全なる」という語と同様に、立派な述語であり、形容詞としての用法では、そのいずれもが全ての文法規則に従うのであるが、論理的にはそれらの語が推論においてどのように処理されるかという観点では、それらは全く異なるのである。人があるものについて、それが存在すると言った時、そのものが青いとか、完全であると言った時と同様に、彼はそれに属性を帰属させているのではない。非存在物Xの概念は、存在物Xの概念が含む全ての述語を含む。というのは、「存在」はその中に含まれる述語ではないからであり、従って、証明されるべき概念に含まれる述語だからである。これに関するカントの証明は充分である。しかし、それは非常に複雑である。カントは決して読み易いものではない。そこで、存在論的証明の批難のもっと簡単で、辿り易い現代版を提示しよう。

問題は次のようである。一つの判断、即ち、あるものが存在すると肯定すること、例えば、「猫が存在する」という判断は、そのものにある述語を帰属させること、例えば、「猫が引っかく」という判断と論理的に同じ判断であるか？　もし、それらが文法的にも論理的にも同類（similar）でないとすると、「存在する」は「完全な」と同様に、他の述語を分析することによって発見されうる述語ではないことになる。ブロード教授は、(2)「猫が引っかく」を真実の陳述と取れ、と言う。我々は、この文章を改変することができる。そして我々は、それを作った人は、次のうちの一つを意味していることを見出す。

（a1）もし猫が居れば、それは引っかくであろう。或いは、

（a2）そこに猫が居る、そして、それは正に引っかく。

さて、「居る」が「引っかく」と同様に述語であるという前提で、「猫が居る」の文章を改変しよう。それで我々は次のものを得る。

（b1）もし猫が居れば、それは存在するであろう。或いは、

（b2）猫が居る、そして、それは存在する。

さて、（b1）は猫が居ようが居まいが、必然的に真である。そして、それは、そこに猫が居ることを我々

に告げていない。それなのに、（b2）は、そこに猫が居ることを二度我々に告げている。しかし、もし人が「猫が引っかく」そして「猫が存在する」と言えば、彼は何らかの指示的（instructive）なことを言っているのである。例えば、それは我々に情報を与える。そして、それはたまたま真実であるかもしれないし、しかしまた、ずっと虚偽であったかも知れない。それでもなお、もし我々が「猫が存在する」を「猫が引っかく」と論理的に同じであると考えるならば、つまり、もし我々が「存在する」が「引っかく」のような述語であると考えるならば、我々は実際に何か非指示的なことを言っていること（b2）になるか、あるいは、猫が居ようが居まいが何か必然的に真であること（b1）を言っていることになるであろう。

さて、我々はこの範例（paradigm）を「神は完全である」と「神は存在する」の判断に適用しよう。先例のように改変させて、

（c1）仮にも神が居る（were）ならば、彼は完全であろう。或いは、

（c2）神が居る（is）、そして彼は完全である。

（d1）仮にも神が居るならば、神は存在するだろう（would exist）。或いは、

（d2）神が居る、そして、彼は存在する。

しかし、それらのいずれも神が存在することを証明しない。（d1）は同義語反復で、神が存在しようが

しまいが真である。（d2）は神が存在することを、単に二度語っているだけである。（c1）から（c2）へ、又は（c1）から（d2）へ論理的に移行する方法はない。

従って、存在論的証明の誤りは次の如くである。もし「存在する」が述語であるならば、あるものが存在することの全ての言明【（b1）、（b2）、（d1）、（d2）】は、論理的に必然的であるか、非指示的であって、単に自己反復しているにすぎない。しかしこれは、我々がものが存在するという時に意味する種類の真理ではない。ものが存在するか否かを見出すためには、我々は事実を検証（examine）しなければならない。単に論理学が、あるものが存在するという命題が、「aはaである」のように論理的に必然的であるか、否か、を見出すだけではない。このように、存在論的証明は、それが我々が存在する事物の知識を、どのようにして得るかについて偽なる結論を含んでいるので、無効（invalid）である。

カントは存在論的証明から他の二つの証明へと移る。それら二つの証明は、単に空虚な論理でなく経験の事実に基づく証明であると称している。宇宙論的証明は、世界の存在から、それの原因乃至は条件としての必然的存在者の存在へと進む。これはよく知られた因果論的論証である。即ち、もし何かあるものが存在すれば、それの原因があり、またその原因があり、またその原因がある。そして、終には他の何ものの結果でもない原因がなければならない。それが第一原因であり、神である。他の途をとると、もし世界の中のあるものが、その存在のために他の何かあるものに依存して、そして存在するならば、その場合、自らの存在の為に他の何ものにも依存しないあるものが存在しなければならない。それが必然的存在者、神である。

この論証に対する反論は、たとえ他の場合には真であっても、神の概念へとは導かないだろうという点にある。というのは、「第一原因」と「必然的存在者」は、それらが「完全なる存在者」と同値であって、「完全なる存在者」が「存在する存在者」を含まない限りは、「神」と同値ではないからである。斯して、この論証の最も重大な段階において存在論的証明がひそかに導入されている。それがこの連鎖の一環であって、それが壊れると全体が地に落ちる。

自然神学的証明は、カントが企画による証明と呼ぶように、既にヒュームの議論の時から我々に知られている。カントは言う、「この証明は、……

敬意をもって語るに値する。これは最も古く、最も明解で人類の共通理性に最も合致する。これは自然研究を活気づける。これは目的と目標を示唆して、特別な統一性の概念で導くことによって、自然についての我々の知識を拡大する。その統一性の原理は、自然の外部に存在するのである。[3]

あたかも神聖な知性の導きによるかのような法の下で、自然のあらゆる部分は、内部結合の原理の導きの下で結合していると考えて得られる知識を通して、自然の至高の作者への信仰は、「抗し難い確信の力を獲得する」。

それにも拘らず、この論証は論理的に不適切である。この証明が、結果（自然）から原因（神）への論証の特殊な例であるとは容易に分かる。そして宇宙論的証明が存在論的証明に依存するが故に、もしそれが神の存在を証明しようとするのであれば、自然目的論的（Physico-teleological）証明も同様に墜落する。

従って、『純粋理性批判』の結論は、神の存在の真なる理論的証明は与えられない、ということである。何故なら、これらがただ三つの可能な理論的証明であるとカントは考えたからである。しかしながら、『純粋理性批判』は神の存在を否定しない。それはただ我々がそれを知ることができることを否定するだけである。カントは言う、「私は、信に場を得るためには、知を否定することが不可欠であると気づいた」[4]と。これは先に引用したヒュームの一節と若干似ているようだ。ヒュームは言う、神学は理性に基づけられない。そして、もし我々が宗教的であろうとするならば、我々は信に訴えなければならない、と。

ヒュームとカントは同じことを言っているように聞こえるが、しかし事実彼らは異なる。ヒュームは理性を信仰と対照する。そして、彼が信仰を推奨する時、彼はそれを適当に割引きして聞くことを知っている。カントは、信仰を理性でなく知識と対照する。何故なら、彼は信仰には合理的な形式があることを信じているから。その信仰とは、理性的な人が持つことに失敗せず、彼の経験との密接なかかわりを確かめることにおいても理性的に留まる信仰である。そのような信仰は理性的（rational）ではあるが、知識ではない。しかも、それは道理にかなった基準や標準をもたない盲信ではなくて、単に我々の感動や感情（sentiment）から生じるだけのものである。

カントが、彼の哲学の中に理性信仰のための場所をこしらえた時、そこには恐らく、その数年前にヒュームが信仰を推奨した時の懐疑的で冷笑的な態度はなかったであろう。ヒュームにとっての信仰は、殆どの神学者にとってと同様に、理性領域外のあるものであったが、カントにとっての信仰は単に理性の一側面であって、他のものは知識であった。

理性的信仰は、科学や思弁哲学に基づくのでなく、道徳に基づく。従って我々は彼の第二の大著『実践理性批判』に詳説された彼の倫理学説をしばし見ておく必要がある。カントは道徳的行為と、単に適切で怜利な行為とを峻別する。怜利な行為とは、自分に有利な立場を保持する為に真実を語るような行為で、それは自分の欲望を満足させたり、目的を達成する為に旨く行くようにする行為である。その欲望は利己的であるか、或いはまた非利己的であるかも知れない。しかし、それが単に自分が欲する何らかの目的を達成するためにのみ為されるのであれば、その行為は単に怜利なだけである。それは道徳的に悪ではないかも知れない。しかし、それは道徳的に正しいが故に為されたのではない以上、純粋な道徳的行為ではない。道徳的行為は一つの固有の動機をもった行為である。それは自分の欲望を全く省みずに、為すべきが故に為す、正しいが故に正しい行為を為す動機である。正しさ故に欲望充足は頓挫するかも知れない。理性は、我々の欲望に作用して怜利で巧妙な行為へと導くかも知れない。しかし、純粋理性そのものは、我々の欲望や幸福になることをどのようにして満すかという（怜利の）法則ではない、道徳法則を承認することによって、純粋な道徳性のための動機を準備する。

問題は、我々は何故に理性が道徳法則を承認することによって動機づけられるか、である。ある人は、道徳法則が、服従に報いる神によって与えられた法であることを理性が認識するからであると言うかも知れない。しかし、カントはそうは言わない。というのは、それでは道徳性と怜利さの区別が消されてしまうからである。それではキリスト教が単に利己主義の最も啓蒙的な形態になってしまい、たとえ我々が不道徳でも注意深くすれば、我々の現世での生活の結果として、来世により大きな利益をもたらす永遠の報いが得られることになる。このような概念では、我々に見えない神に服従する道徳的な価値はなくて、我々に見える交通警察官に服従すること以下になる。

カントは、道徳法則は我々が理性的存在者として自から立法する法であるが故に、これを遵守するのである、と言う。我々は、道徳法則の領域においては、単に臣民であるのみならず、同時に主権者であり立法者でもある。彼のこの政治理論では、人々は国家権力の恐怖によって課せられた法に合法的に拘束されるのではない。そのような法は、人々を市民ではなく奴隷にする。法律は、我々がそれの制定に参画し、そこで自由なる合意を与えた範囲内でのみ有効なのである。カントは類比的に言う、道徳法則は、それの制定において我々の参画が示されたところの我々の自由な合意に基づいてのみ、我々を拘束するのである、と。

理性は道徳法則を発見するのみならず、これを布告する。道徳法則は、理性的存在者に対する法であるのみならず、理性的存在者が自らにこれを与え、自発的にこれに服従することを引受けるのである。カントはこの概念を道徳的な自律性（autonomy）と呼ぶ。自律性とは、我々自身の理性の中にその起源を有しないところの一切の法則からの道徳的自由を意味する。

カントがルソーの追従者であり、人民による自治政府の概念を信じていたのは偶然ではない。しかしながら、カントはこの概念を遥かに拡大して、政治的領域を越えて、道徳法則を我々自身によって我々自身に与えられた法であると見做したのである。道徳法則の源泉としての神の概念が、道徳性の王国の主権者であり臣下でもある、自由な理性的存在者である我々自身の概念によって取って代られたのである。

カントは彼の倫理学説の如何なるところからも神の概念をすっかり消し去ったかのように思えるだろう。確かに彼は道徳学説を神の如何なる知識にも基づけずに建てた。実際、神への信仰の上に建てたものさえ一つもない。それでも基盤の外に投げ出されたその石は、哲学体系の上部構造において主要な場所が与えられている。そこで、カントがどのように神の概念を再建し復活させて行ったかを見よう。

道徳性は、既に見たように、幸福への欲求の上には基づけられない。その欲求は、知性が加味されて、単に怜利さと適当さを造り出すのみであり、実際には不道徳へと導くかも知れない。だが、カントは我々が幸福への欲求を断念できないこともよく知っている。それは、我々が我々の義務を遂行しようとする時に、どれ程よく制御し、それの誘惑を無視するだけの能力があっても、断念することはできないのである。たとえ我々が幸福を断念すべきでなく、ただ我々の義務の意識を汚染して、我々に義務が要求することをよろこんでするのを妨害しないように制御するだけであるとしても、断念できないのである。事実、道徳的価値が、我々の他の合法的な価値と不可避的な欲求と常に不一致であり、それらが度々この不幸の谷間にあるように見えるのは、理性的な世界において考えられないことである。最高善は硬直した徳ではなく、幸福が伴った、幸福に依存した徳である。徳は、幸福ではなく幸福に値することである。そして、もしこの世界がともかくも理性的であれば、幸福に値することが不可避的かつ不変的に頓挫するとは考えられない。我々が経験で知っているように、徳と福との間の均衡は度々存在しないことがある。道徳的に最善である人が必ずしも最も幸福な人ではない。この均衡が、この世を越えた別の世界で実現されることを宗教は教えるけれども、我々はそれを知らない。我々はそれを知ることができない。それが虚偽であるからではなくて、我々の経験を越えたところに存することについては、我々は全く何の知識も有していないからである。

しかし、我々が道徳法則が零で無効であると見なすのでない限り、即ち、道徳法則が、我々の意志と欲求を強制するように要求する体制において、論理的に整合的でないと見なすのでない限り、我々は罰と賞とのこの釣り合いが、我々の知らない世界、つまり、我々の感覚に現われている世界でなく、ものごとが存在する通りの世界においては、少なくとも可能であると信じなければならない。そして、もし道徳法則は鵺的（ぬえ的 Chimerical）であるとして諦めるのでなければ、道徳法則が我々に道徳的理想として提示することは、少なくとも可能であると信じなければならない。しかしながら、最高善は、我々の道徳的な勲功に応じて賞罰を配分する宇宙の道徳的統治者としての神が存在する限りにおいて可能である。かくてカントは、道徳法則が含意することを全て否定できないものと我々が承認することで、神は論理的に要求される要請であると結論づける。

そこで神は知識の対象でなく、信仰の対象であり、感情に基づく信仰でなく、理性的な信仰の対象となる。これが道徳感情に安定性を与えるに充分であろうか。あるいは、私は何をなすべきかについての知識は、神の知識に基づかなければならないのだろうか。カントは答える、信仰で充分である。そのような知識は道徳性にとって危険であろう。もし我々が、神が存在することを知っていたならば、法則の違反は実際に忌避されるだろうし、命じられたことは遂行されるだろう。しかし、行為がそこからなされるべき神慮は、いかなる命令によっても注入されえないだろうし、また行為への動機は、この場合常に現前しており、外部的であるが故に、理性は傾向性に対抗するために、法の尊厳の活々とした理念によって力を結集する努力の必要もないであろう。かくの如くして、法に適合する殆どの行為は、恐怖からなされ、少しだけは希望からなされるが、義務からは全くなされないだろう。(5)

従って、カントが信に場所をつくるために知を否定したのは、道徳性のためであった。彼が場所を用意した信は、理性との対照における信ではなくて、道徳的な理性に対する附加物としての信なのである。それは理性的ではあるが、しかし知識ではない。

それは知識の代替物でさえない。我々は知識の小径を辿って神に向ってある距離まで近づく訳ではなく、そしてそこで、聖トマスの哲学の中におけるように、信仰の行為によって旅を終えるのではない。神に向う心の全ての動きは、最初から道徳的に動機づけられた動きであって、科学的に動機づけられたり誘導された動きではない。神に帰着する概念は完全に倫理的なものである。唯一の真正な神学は道徳神学であり、我々が神に対して帰属する一切の属性は、道徳的（神聖、恩恵、正義）であるか、或いは、それらから導出されたものである。この概念は、企画からの論証で用いる概念よりも、より神人同形同性論的でない。というのは、それは人間の形態で具体化されたものとは無関係な、道徳的な属性の純粋に理性的な概念であるから、とカントは言う。

神におけるこの理性信仰を保持することは、真の宗教を持つことと同じである。カントは言う「宗教は一切の義務を神の命令であると認識することである」と。[6] それは、それらが神聖なる命令であるとか、或いは、その権威が、我々をも創造した神聖な立法者の命令に依存しているということではない。というのは、その場合には、我々は我々の義務が何であるかを知りうる以前に、我々は神について知らなければならなかったからであるが、我々は神を知らないが、しかし一方では、最も非哲学的な人でさえも、自分の義務を知っているからである。更に尚、そのような理論は、道徳的自己統治、乃至は、自律性とも相容れない。宗教は道徳の基盤ではなくて、むしろその逆である。宗教は道徳性に基づく理性的態度である。それは、我々の知らない世界についての我々の概念の中における道徳性の支流を辿ることである。このことから、そこには特に何の宗教的義務もなく、例えば、神の存在を信じる義務もないことが帰結する。道徳性と宗教とは、両者の形式的な構造においても語彙においても、相互に異なるが、しかし、その実体においては異ならない。真面目で良心的な道徳性以外のものを人に要求する如何なる宗教も、単なる迷信であり偶像崇拝に他ならない。

カントによれば、キリスト教はその歴史的に不完全な形態においてさえも、他のどの宗教よりも純粋な道徳的神学に近づいている。キリスト教の教理は、象徴的言語において最も高い道徳的洞察を現示しており、それを我々は注意深く適切に解釈しなければならない。例えば、我々の理性が道徳法則に服従するのは、それがもし天国における報いを希望するからであるとするならば、道徳性と宗教の両者の本質を破壊するであろう。道徳哲学は、我々が法則そのものに対する尊敬の念から行為することを要求する。他方、宗教は純粋な善は精神の純粋さにおける神への愛であることを要求する。しかし、神を愛することは、神の命令を悦んでなすことを意味する。その義務と善とは如何なる個別的な場合においても同じである。カントの生徒の一人がカントに書いている、「もしイエズスが道徳法則についての先生の講義を聴くことができていたならば、イエズスは『それが正に私が神への愛ということで意味することである』と言ったでしょう」と。そのようなお世辞は、カントの冷静な非熱狂主義には無縁のものであった。しかし、道徳的な敬虔主義の影響は、彼の倫理的著作を通じて一貫しており、倫理学を先験的な宗教的信仰に基づけることを堅固に拒否した時にもそうであった。

『実践理性批判』の五年後にカントは『理性のみの限界内における宗教論』を出版した。この書のためにカントは、プロイセン政府の検閲下におかれ、「自からの哲学を誤用して、聖書とキリスト教の多くの基本的な教義に侮りと損害を与えた」とされた。この頑固な王立検閲官を許容することは容易でなく、かと言って、この書の中の何かが有害であると彼に思わせたのかを見出すことは困難ではなかった。

この書の主要な論点は、それが宗教的論争と教会の権威とに関係ある限りでは、カントの宗教の自然的進化論の理論と、神への礼拝と似而非礼拝との区別であり、それをカントは真の宗教と聖職権主義(clericalism)との間の対立として定義する。また、この書には神への信仰における合理性の新しい論議もある。

カントは、各人が全ての各人と争う自然状態から道徳性への進化論的な進歩があると主張する。即ち、自然状態から、市民社会——そこでは人々が、強力な支配者が外的に課する法令の下での不安な平和において、相互に団結を保持する——を通過して、倫理的な国家、乃至は共同体——そこでは人々が法への尊敬によって自から団結し、相互に自己目的として取扱うように心掛ける——へと前進すると主張する。その場合、道徳法則があたかも神聖な命令であるかの如くに見なされて、倫理的国家はこの想定上の作者、即ち、神に対する共通の同盟によって結合された人民となる。従って、倫理的国家は、神の王国、乃至は見えざる教会となるのである。

人間本性は不完全であり、人間存在は悪への生来的傾向性を有するが故に、完全な徳は達成不可能である。カントは他所で「人間はそのような曲ったがらくたで出来ているので、完全に真すぐなものは何も建設できない」と言う。自からの内における悪の力を自覚している人々にとっても、また、悪の力に対する弱さを自覚している人々にとっても、また彼らを取囲む他人の悪に気付いている人々にとっても、完全なる徳は殆ど有効な理想ですらない。徳は、それの達成に他人も同様に関与している社会状態においてのみ確実に成就されうるものではあるけれども、一つの内的（inward）な状態である。しかし、何人も社会の道徳的状態に対して責任はない。しかしカントは『第二批判』の中で、我々が道徳的であるためには、我々の道徳的概念を合理的な方法で組織するための権利を有していると信じなければならないと主張している。カントはそれをここでは神という幾分異質の概念で繰り返している。彼は、倫理的国家の道徳的必要性には人間だけでは充分ではなく、我々は神への信仰を持たなければならない、そして、その神は賞罰を与える者でなく、人間が本当に自分の義務を行うことのできる道徳的な体制の作者としての神である、と論じている。この信仰は、単に神のみならず、我々の全義務の実現の条件としての神の王国の成立への信仰なのである。(7)

しかしながら、事実、見えざる教会が善良な人々の良心の中で道徳的改善のために働き効果的となるよりもずっと以前に、見える教会は歴史の場面に現われている。それは常に何らかの自称の啓示で始まり、その教義は常に司祭的な細心さとして立案され、宗教的儀式として現われた。その上、見える教会は度々単なる政治権力であり、自からこの地上の権力者と結びついた僧侶の排他的階級制度の利益が付与されていた。従って、見える教会は度々真の徳の敵であった。というのは、見える教会では道徳法則の源泉が人間の道徳的理性の主権の中でなく、聖書の中に位置づけられていた（それはスピノザとカントが共に指摘しているように、度々誤読された）からである。ずっと後になって初めて、聖職者的で教義的な信仰に対する倫理的で合理的な批判が始ってから、元々は社会の権力構造における機構にすぎなかった教会が、見えざる道徳的国家へと純化されて行った。聖職者的信仰——聖書における信仰、牧師の権威における信仰、永遠の報いの希望と外的に合致する信仰——は、次第に神と神の王国への純粋な理性的信仰、強制されない道徳的意識の信仰へと改革されて行ったのである。

このゆっくりした進化の歩みの中で、法令による、あるいは、牧師教会における神への似而非信仰は、次第に神への正当な信仰へと取って代わられた。「どんなことでも、良い生活行動より上でそれを越えたことで神を悦ばせることができると想像する人は、単なる宗教的幻想を描き、神の似而非礼拝をしている」[8]とカントは言う。例えば、祈りは世界の進行を変える効果は無いのみならず、祈る人にとって道徳的に危険であるとカントは信じている。何故なら、宇宙に慈悲深い統治者がいて、彼に適切な儀式と感情をもって近づきさえすれば、祈る人の利益になるように自然と歴史に介入してくれると信じることを許すからである。これは我々に、典礼の宥和は、道徳法則への良心的服従というよりは、神への適当な礼拝であると考えさせる。神のこの虚偽の概念は、神の理性的概念を何か神人同形同性論的なものに落しめ、宗教を侮蔑にさらすことになる。同時に道徳法則の厳格さを矮小化して人々を真の道徳性から引き離すことになり、必死になって敬虔になればその人の要求は廃棄されないことになる。

人々は、神が恣意的な君主であり、正統信仰の儀式や苦行によって神の好意を得ることができると考えるような奴隷的な心理から、可能な限り自己を解放すべきである。この解放は、宗教的倫理を倫理的宗教で取って代えることを意味する。それはまた、神の報いの目に向ってなされる行為から、我々の良心、乃至は良心が正しいと告げるが故になされる行為へと代ることでもある。しかしながら、宇宙には、我々がなすべきであると我々が知っていることをなすことを助けて、実際にそうすることで我々に報いる何らかの存在者がいる、という信仰が、前者の（神の目に向ってなされる）行為には伴っている。

最後のこの重大な移行は、人々が宗教問題について公的な思想の自由が許されて初めて生じうる。そのような思想及び出版の自由が、倫理的及び宗教的な改良にとって、また実際に国家の福祉そのものにとっても必要不可欠であることが、一七八五年のカントの小さな論文『啓蒙とは何か？』の中で、力強く論じられている。この論文は次のように主張する、即ち、教師や牧師は、たとえ国家や教会の代理人であるにもせよ、彼が学識のある公衆の注意力に対して自分の批判的思想を持ち出す時は、公的義務に反しては行動しない、即ち、彼が教育の公式書状に全面的には合意していなくとも、彼が教えるように命じられたことを教える公式の義務が要求しさえすれば、そうするのである。「しかし、学者としては、教師も説教師も、彼の公衆に向って、象徴［即ち、教会の見える形式］における誤解含みの事柄について、彼が注意深く検証し善意に由る全ての思想を伝達する完全な自由を、否、神のお召しさえも有する。

また、宗教団体や教会の組織改善のための示唆を与える完全な自由をも有する。彼がそうすることに対して、彼の良心を拘束できるものは何も存在しない[9]」。しかしながら、もし彼の聖職者としての公的な発言が単なる偽善である程にまで、教義の精神に反しているのであれば、彼は職務を辞任すべきである。しかし、それでも彼が自分の考える通りに書くことを、国家は許容し続けるべきである。

残念ながら、プロイセンの検閲官はこれに同意しなかったので、ケーニヒスベルクの賢者は、学界の中で殆どの人が理解できなかった書物の中においてさえ、彼の思想を開陳することが禁じられた。そして、これの全く皮肉なことは、スピノザの場合でも見た通り、思想を拘禁する試みは必ず失敗する定めにあった。そして、カントの思想は生き続け、他方、検閲官の名前すら殆ど忘れ去られている。

原注

第五章 カント

（1）Johann Gottfried Herder, "Briefe zu Beförderung der Humanität" (1792). *Sämmtliche Werke*, ed. Suphan, Vol. XVIII, pp. 324–5. [trans. Beck]

（2）C. D. Broad, ***Religion, Philosophy, and Psychical Research,*** (New York: Harcourt, Brace and Co., 1953), pp. 182–3.

（3）*Critique of Pure Reason,* trans. Norman Kemp Smith (New York: Macmillian and Co., 1929), p. 520.

（4）*Ibid.*, p. 29.

（5）*Critique of Practical Reason,* trans, L. W. Beck (New York: Liberal Arts Press, 1956), p. 152.

（6）*Ibid.*, p. 134.

（7）*Religion within the Limits of Reason Alone,* trans. H. H. Hudson and T. M. Greene (New York: Harper & Brothers, 1960), pp. 90 ff.

（8）*Ibid.*, p. 158.

（9）"What is Enlightenment?" in *Foundations of the Metaphysics of Morals,* trans. L. W. Beck (New York: Liberal Arts Press, 1959), p88.

訳　注

【7】『理性のみの限界内における宗教論』"Die Religion innerhalb der Grenzen der bloβen Vernunft" は英訳名でも、"Religion within the linits of reason alone"が正しい訳と考えるので、「単なる理性の

限界内……」とはしなかった。

カントは宗教を論じるに当って、理性の範囲内で理論的に検討したが故に、「祈り」について極めて否定的な論理を展開している（本文一一〇ページ）のであるが、祈りが道徳的に危険であると信じるのは、自然及び人為の因果関係の必然的結合に反して幸運が訪れるように願望する不当な祈願（宝くじが大当りするように、とか、試験に合格するように、等）に対して、理性的限界内では容認できないとしているのであろう。

「祈り」は理性的な思惟を越えた処、即ち、理性の限界外の、換言すれば、人間的能力で到達不可能な経過に対して、超越的存在に対する信仰に立って願う心情的行為である。キリスト教で、祈りの後で「アーメン」〝amen〟と言うのは「斯くあれかし、このようであって欲しい」(so, be it)の意であって、それは理性の限界外の信から発せられているのである。—カント自身も、魂の不滅、来世、神の存在等は実践理性の「要請（Postulat）」として論じているが、本質的に内容は「祈り」と見るべき信仰であろう。この管見を精神機能を細分化する西洋哲学のカントが認めるか否かは甚だ疑問ではあるが。

第六章　ニーチェ

ニーチェはこう語った「私は人間でない、ダイナマイトである」と。

フリードリッヒ・ニーチェは一八四四年から一九〇〇年の間に生きた。我々が扱う哲学者の中では最も理解し難い。というのは最も誤解し易いからである。それでも彼は最も読み易い。彼の警句、彼の活気ある象徴、彼の大言壮語、力強い詩と散文詩等々は読む者に忘れ難い経験を与える。忘れ難いが、しかし、容易に要約できない。読者は、どれがニーチェであるか、多様な梗概を解釈するために自分自身の枠組を用意しなければならない。ジョージモールガンは「ニーチェは『全ての人に全てのこと』を伝えたという点で聖パウロのようだ」と言う。従って読者は、ニーチェをナチスの原型とか、隠れキリシタンとか、虚無主義者とか、退廃文士とか、ダーウィン主義者、反ダーウィン主義者、賢明なニーチェ、狂乱のニーチェ等々と見なす諸解釈から選択することができる。ニーチェが精神異常となった悲劇的な事実は、読者が自分自身の精神の正常さを確信して、彼の作品の諸部分に嫌悪感を見出して、見下げるのに都合のよい手段として用いられて来た。

彼の哲学の基本概念は、私の見た処では、存在の清浄さと力への意志である。

存在の清浄さとは、善とか義務といった一切の我々の道徳的範疇は、人間的で、余りにも人間的な発明であるという教説を意味している。善や義務は、世界の中に存在するものを叙述している概念ではなくて、むしろ、それらは世界に対する無言の非難を表現している、と彼は言う。ニーチェは自からを「非道徳主義者」と呼ぶ。それは彼の世界概念が道徳的な偏見で汚染されていないことを意味する。彼は一切の道徳的判断の根底に存する原初的事実を見た。そして、それは道徳的判断が非合法的で出しゃばりなものであることを示していると考えた。それは丁度我々が脱カフェインのコーヒーや脱ニコチンのタバコをもつように、ニーチェは、我々が「道徳的酸」で毒されていない「脱道徳・哲学」をもつことを訴えている。非道徳主義は、世界が道徳的に善でないと言われているが故に道徳的に悪であることを意味しない。それは世界が善・悪の我々の概念とは疎縁であることを意味する。それは「善・悪を越えている」のである。道徳判断は事実の歪曲である。道徳判断を下すことは、進化の末期に生じる自然現象であり、あらゆる文化的な完成と自己訓練にとって必要不可欠なものである。しかしそれは、善と悪が世界における客観的な力であることを想定せずに、そして我々が一種の第二清浄を達成することで善・悪を越えて成長できる、つまり、未だ道徳主義的な文化によって汚染されず、ゆがめられない世界観をもった子供によって象徴される再生によって説明されうる現象なのである。

〔人間精神〕はかつて「汝なすべし」を最も神聖な言葉として愛した。今や人間精神はその最も神聖な言葉の中にさえも幻影と移り気を見出すにちがいない。人間精神からのあの解放が人間精神の餌食になるかも知れない。そのような餌食にはライオン〔破壊者〕が必要とされる。

しかし我が兄弟よ、そのライオンさえもできなかったことの何が子供にできると言うのだ、言え。子供は無邪気で我を忘れて新しい始まり、遊戯、自動推進の輪に没頭して、最初の動機として神聖な「ハイ」と言う。創造の遊戯には、神聖な「ハイ」が必要とされる。(1)

ニーチェの非道徳主義哲学は、新しい価値の創造のために必要な前提条件であると彼は考えた。その価値とは、何らかの見せかけの理想の名における実在的なものに対する無駄な反抗に代わる実在性を常に伴った価値である。法の古い一覧表は取り払われて、新しい価値の新しい一覧表が立てられなければならない。素晴しい言葉で事実を隠し、実在しない価値の名の下に実在性を非難する我々の思弁的文化を拒否する新しい清浄さが要求されたのである。

第二の基本的概念は、力への意志の概念である。この概念は曲解されて、多くの恐ろしい意味に取られて来た。即ち、ファシズム的でフロイト的な意味がその中に予示されていると見られて来た。ニーチェがその意味を完全には明白にしなかったことを我々は是認しなければならない。しかし、この概念にはその背景に誠に長い敬うべき哲学的な伝統を有するものがあり、何らかのそれに比較すべきものは、スピノザやショーペンハウエルの中にもあり、後にはベルグソンの哲学の中にも、それに類似したものが現われている。

力への意志は、これら他の哲学者たちにおける比喩的な概念のような、専ら心理的観念というものではなかった。ニーチェはそれを究極的なエネルギー乃至は力という名前として用いた。事実、それは究極的な実在性そのものを指しており、それはニーチェにとっては行為、行ない、出来事であって、死んだ材料とか生命なき物質ではなかった。勿論、それの働きは人間において最も容易に見られるところであったが、しかし、ここでそれの働きが度々偽装されて、その結果、力への意志とは正反対のものに見えるようになった。穏健な人々は、彼らの最も高潔な大望の駆動力が、数年後にフロイトからそれが性欲（libido）であると聞かされたような力への意志であると知って、大きな衝撃を受けた。それも力への意志への一つの表明としてはあるけれども、それは単なる裸の、破滅への粗野な駆り立てではない。力への意志は、小心翼々たる保身や自己訓練やデオニシオス的狂乱におけるような御都合主義的な道徳性の臆病さにおけると同様に、苦業の中にも示されている。それはナポレオンの征服欲やチャールズ五世の政権放棄と僧院隠遁や、またリカルド・ワーグナー同様、モーツァルトにも示されている。知識そのものが、恐らくそれの最も高度な形態における力への意志である。「汚れなき認知」や権力誇示の気苦労と無縁の知識は存在しない。

しかし一つのことがどのようにして、それ程多くの対照的な形態で現われるのだろうか。同じ力への意志がどうしてそれ自身で泥酔の幸福感と聖人のような禁欲主義とを示すことが可能なのか。ニーチェは答える、力への意志は目標への直線における直接的で動力的な押しで働くと同様に、憤怒を通しても働く。自然と他者とに及ぶ行為のある人の自由が妨げられた時にも、力への意志は活動的であることを止めない。それは廻り道をして、その目標に間接的に到達する。この廻り道が憤怒の小径である。憤怒は必ずしも意識的であることを要しない。それは通常、何の為に、であるかを認識しない。道徳性はこの憤怒の主要な形態である。弱者は強者の力に憤激し、これを道徳的に非難する。弱者は他の道へと誘導され、そこで善である。しかし、ニーチェは彼らについてこう言う、「実際、私はこれらの柔弱者を度々あざ笑って来た。彼らはかぎづめを持たないから自分らが善であると考えているのだ」と。[2]

力への意志は直接的に働くか、或いは憤怒を通して間接的に働くかであるが故に、値打ちとか価値の二つの対照的な概念が生じる。力への意志を直接的に行使できる者は、人民の無敵の支配者、強者、貴族階級等において見られる特徴を是認する。彼らは、被征服者に対する征服者の残忍さと寛大な栄光、誇り、創造性、支配、独立性、個人性、自発性、行動等を歓呼する。それらの特徴と諸行為を彼らは「善」と呼ぶ。彼らが支配する人々の特徴を彼ら（支配される人々）は「悪」と呼ぶ。そこでは「悪」は侮蔑されて見下されることを意味する。それらは卑賤で卑俗な特徴である。その侮蔑的な特徴は、我慢、敬虔、慈悲、不承不承の自己否定、そして、ユリア・ヒープ型の人間性等を含むのであり、事実、彼らがこれまで生れ育った、無能力の意識における、所謂「美徳」であって、自己訓練の力量や自尊心から生じたものではない。人間の平等性や権利についてお喋べりすることは、自立自存できない「多くの、余りに多くの」民衆構成員の自己防衛の考案物であって、彼ら相互間の愛は、彼らより優越した者への恐怖の仮面にすぎないのである。【訳注8】

正しく同じ力への意志が、弱者で被抑圧者においては、彼らを抑圧する者の自由に行動する肯定的な言いならわし（yea-saying）や快活な生活への憤怒の形態をとる。被抑圧者は我慢や悲哀や辛抱強さ等々の彼ら自身の特徴を「善」と呼び、そして、自分らは力への意志の否定であると考える。力への意志は邪悪であると考え、彼らの憎むべき優越者においてのみ現われるものと信じる。彼らは彼らの主人公の特徴を「邪悪」と呼ぶ、何故なら、これらの憎むべき恐るべき特徴は、端正な一般人にとって敵意あるのみならず、彼の本性にとっても全く疎外された力への意志を表わしていると考えるからである。

各階層において発展する諸特徴は不可避的である。それらは各カーストによって価値づけられた性格と人格を明白に示している。それらを喰いものにする道徳的評価も同様に不可避的である。弱小者が憐みを評価し、強者が困難や訓練を評価するであろうことも不可避的である。より下級のカーストの者の道徳的評価は、彼らの支配者の直接的で自然的・死活的な性格を非難するものだが、それは存在の清浄さの概念を破壊する。自然的であるところのこと、つまり、強者の軽率な活動は非難される。そして、自然それ自体（現代では「低級な自然」あるいは「動物的自然」と呼ばれる）は邪悪と考えられる。自然は道徳的に非難される。そしてその場合、人間は苦業の実践や来世の関心でもって、自らを自然から独立させようとか、或いは優位に立とうと試みる。

さてここで、ニーチェによると、全歴史上で最も由々しき出来事が起こる。それを彼は「道徳における奴隷の反叛」と呼ぶが、しかし、それは別名ユダヤ主義（Judaism）の誕生として知られている。

道徳における奴隷の反叛はこのように始まる。即ち、憤怒そのものが価値を創造し誕生させる。(3) それは、実際の反抗とその行動を否定された者が、それを想像上の復讐でつぐなう憤怒である。

彼らはその復讐を行為と功績においてはけ口を有する者に対して行う。それは自然的に優越した者に対する成功裡の「つぎはぎの不手際な反抗」(4) である。下級カーストの者は、主人クラスの者に対する彼ら自身の善の概念を強化することを継承した。そこで価値の最初の価値転換が生じた。即ち、より低い美徳がより高い美徳となり、高い美徳が低い美徳となった。以前には悪と考えられていたものが、今では善と見なされ、高貴で偉大であったことが邪悪と呼ばれる。最初であるべきものが最後となり、最後が最初となる。主人公であった者が全ての人の召使いとなる、等々である。この価値転換が生じた時、優越者の精神は崩壊した。彼の自然的な優越性は、何らかのより高い力に対する負債の幻想的意識を押しつけられ妨害される。その力は、下級者の側に立つ精神において、謙虚で貧しいが復讐心のある神として表現される。自然は原罪として咎められる。そして無垢の者を自然的に汚染したという良心の咎めという恐るべき病気として非難される。

現世よりもよい世界の幻想、即ち、下層民の理想が実現され下級カースト者の弱さが償われて、上級カースト者の威力が処罰されるという幻想が、永久的な現実性となる。我々が知るこの世の現実性を越えた格式は非難され、それの憂うつさが慰められる。多くの、余りに多くの人々の隣人愛が、最上級の人々の堅固で厳格な愛を破壊する。憐れみが弱者の相互援助社会を強化する。我々の人種の最も弱い構成員が保存され、人種そのものは弱体化する。この世を悪く言う僧侶と来世の預言者が勢力を得る、そして、彼らが未だかつて無い程にそれを享受する。彼らは実在物と行為における無垢なる悦びに反対する苦業を説教し、勇敢なる理性を盲信に取って代え、自分らがそれに耐えられないが故に真理を隠蔽した。後にはキリスト教信仰を、より高度な世界への道としての労働に取って代えた。確かなことは、司祭たちは本質的な仕事をした。彼らは人々を馴らして訓練させた。しかし、人を馴らし過ぎた。彼らは人々に自分達を憎ませた。現存在からの疎外という、この恐ろしい段階に達した時、そこにはニーチェが虚無主義（nihilism）と呼ぶものがあった。即ち、実在物の徹底的な無価値化であり、何ものも価値あるものはないという感情である。これは、現存在の価値に熱烈に立脚することに依存した全ての創造的な力を絞め殺した。それは、ニーチェが彼の先輩の英雄であるリカルド・ワーグナーを非難するところの『パーシファル』(Parsifal）を書くことに向けられた。教会はこのニヒリズムを原理の事柄に変えて、理想の名において、次のように言う。

強者を粉砕し、偉大な希望を損ない、美における悦びに疑念を投げかけ、あらゆる自律的なもの、男らしいもの、征服的で横柄なもの――「男」の最高にして最も成功的なタイプに自然的な一切の本能を、不確実性と良心の挫折と自己破産へと落しめる。また、いかにもあきれた話だが、この地上のすべての愛と、地上を越えた至高の愛をも、この地上と地上的なものの憎しみへと転換させる。それが教会が自らに課した仕事なのである。(5)

ニーチェは、司教たちのこの許しておけない世界・歴史的ゲームとも言うべきものは、殆ど終わったと考えた。彼は、ヨーロッパは「キリスト教偶話」を大きく育て過ぎたと言った。それは、その教説の中に自己破産の種子があったからである。その種子は、真理を愛する苦行的な理想である。だが、真理の愛がキリスト教徒に特長的だからというのではなくて、記録の研究や経外伝説の法典化や理念の体系化に従事させられた人々の中に、ある種の召命的な、乃至は就業的な美徳が生じたからである。最初はこの美徳は狭い限界内で実行されていた。そして、教理全体としての真理の批判に対する防衛によって常に限界がつけられていた。しかし、それが教義の制限内で活動して、そして、人々の知性と彼らの真理への愛が、実際幾世紀もの弁論や定義や異端審問の中で先鋭化された。そしてその時、この真理への愛は手に負えなくなり、それ自身の世俗化において現実の真理、即ち、無神論を発見するのである。無神論は、正直と真理に価値を認めた力への意志の宗教的進化における究極的な局面である。無神論は「二千年にわたる真理探究の畏敬鼓吹の破局であり、それは結局それ自体が神への信仰の嘘を許さない」[6]。この逆説は、科学と客観的歴史に基づいた世俗主義の進展が司教たちの権力を萎縮させていることを彼らに気づかせていたにも拘らず、司教たちはそれを是認しなかった。

ツァラツストラ（Zarathustra）、神を認めない者は、山からさまよい出て森の中で一人の聖者に出会った。

「そして、聖者は森の中で何をしているのか」とツァラツストラは尋ねた。聖者は答えた「私は歌を作り、それを歌っている。私が歌を作った時、私は笑い、泣き、鼻歌を歌う。こうして私は神をたたえる。私は歌うこと、泣くこと、笑うこと、鼻歌を歌うことで、私の中にいる私の神である神をたたえる。だが君は贈物として何を持って来たのか」。

これらの言葉を聞き終った時、ツァラツストラは聖者に別れを告げて言った。「私は君に何を持って来なければならなかったのだろうか？　だが、私が君から何かを取らないように早く行かせてくれ！」それで、このようにして彼ら老人と人間は、二人の子供が笑うように笑いながら、別れた。

しかし、ツァラツストラが独りになった時、彼は自分の心にこのように語った。「それは可能であったろうか？　森の中のこの老聖者は神が死んだことについて未だ何も聞いていないのだ！」(7)

私が、ユダヤ主義の誕生としての道徳における奴隷的反叛について語った時に、皆さんは気づいていたでしょう。その時私は、直接ニーチェがキリスト教会を非難していることに進んだことを。だが、キリスト教はどのようにしてこの歴史の中に入ることができたのでしょうか。ニーチェの答は単純で直入です。即ち、教会は現実にあるユダヤです。キリスト教徒は単に名前だけです。「唯一人のキリスト教徒がいて、彼は十字架上で死んだのです(8)」「教会は正にイエズスが激しく非難したところのものです」「キリストは何を否定したのか？　それは今日キリスト教徒と呼ばれている全てのものです(9)」。

今日我々がキリスト教と呼ぶところのものは、ユダヤ教の道徳的、文化的堕落であってユダヤ教に対する反抗ではない、少しも訂正されたものはない。ユダヤ教からキリスト教への凋落は、旧約聖書と新約聖書との間にある美学的並びに道徳的な相違に示されている、とニーチェは考える。前者には「偉大な人々、英雄的な光景、……そして、強い心の比較し難い天真爛漫さがある。後者には、天使の感触と空想の感触とを織り込んだ魂の純粋な華麗さ……そして時として牧歌的な甘美さの一吹き」[10]がある。そして、両者間のキリスト教的な概念の不正直さが、何処よりもよく示されているのが、キリスト教徒が旧約聖書が新約聖書の前奏曲であると主張している事実である。その主張では、新約は旧約の完成として出現するために作られたという型に変型されなければならなかった。そして、そうすることで、旧約の各段落は、できるだけ新約聖書において再算される出来事の「予言」の中に織り込まれるように歪曲された。教会は、この司祭的作偽の産物であって、旧約聖書の予言的な威厳も崇高さもなければ、キリストの純粋さもない。それは「遺恨の天才」聖パウロの創作であって、イエズスの作ではない。イエズスは心愛の純粋さを教えたのみならず実践したのである。

イエズスとは誰であったか。ニーチェによれば、彼は現実性の非現実的な憎悪者であり、「死へのあこがれに捕えられた」夢想家であった。ニーチェは、ドストエフスキィーの小説『白痴』を読んだ後で、イエズスを「白痴」と呼んだ。イエズスは愛を支持して憤怒を踏み消すことで、ユダヤ教の中に「佛教的な平和運動」を創造しようとした。汝の敵を愛せよという教義、神の王国は我々の中にあって、この世の王国ではないという教義、単に「選ばれた人々」だけでなく全ての人が神の子であるという教義――彼のこれら全ての教義は、大いにユダヤ教に反していたので、ユダヤ人は自分らへの危険を除去するために彼を殺さなければならなかった。もしイエズスがもっと長く生きていたならば、彼はより良く学び、彼自身の教義を否認して「彼は改めるに足るだけ高貴であった」[11]だろう、とニーチェは神聖ぶって言う。

彼の弟子たちと、少し後になって聖パウロはキリストをユダヤ人の英雄に仕立てた。これを彼らはイエズスの再来を教えることで行なった。それはユダヤ人にとって新時代の到来を告げるものであった。彼らは、ローマ帝国の中で抑圧された大衆に対して、彼らの罪のイエズスによる贖いと異教徒に対する神の罰の神話を通して、救済と解放を約束した。イエズスを通してユダヤ人達は本当にローマを征服した。それはイエズスなしには決してできなかったことである。パウロは自分の歪んだキリスト像を、完全にユダヤ的で非キリスト教的な施設である教会の全装置に仕上げた。彼を後の教父たちは、初期のキリスト教の小さいバンドを教会戦士へと仕上げ、後には教会国家へと仕上げた。ローマの迫害に最終的に勝利したのは、神聖なる憎悪と聖なる教義と呪詛と非難を伴ったこの施設であった。自からがローマ化され蛮族化されることによってのみ、ローマと北方蛮族に勝利できた。そのことにおいて、教会は最終的にキリスト教そのものに勝利した。それによって道徳における奴隷の反叛は、最高で最も完全で永続的な形態に到達した。そこでニーチェは、ヤーヴェ（Jehovah）の敵を非難した古の予言者のように、声を大にして非難する。

私はキリスト教を非難する。私はキリスト教会に対して、これまでどの非難者が発したよりも恐しいあらゆる攻撃をしかける。それは私にとって考えられる限りの全ての最高の破壊である。それは可能な限りの最後の破壊への意志を有する。キリスト教会はその破壊によって損傷されずには何ものも残せなかった。それはあらゆる価値を無価値に変え、あらゆる真理を虚偽に、あらゆる完全性を魂の不滅の堕落へと変えた。……私はこれを人類の一つの不滅の汚点と呼ぶ。(12)

教会のニヒリズムへの減退は、ニーチェが狂喜したことであった。彼は、キリスト教偶像の黄昏において、過去のヨーロッパ文化の主要素は終に不能となったと信じた。それが、彼が「神は存在しない」ではなく「神は死んだ」と言った理由である。

結局、神のために場所を確保すること、及び神への信仰は、人間にとってどんな統制的な成果があったのか？　神の死と共に、存在の清浄さの意識の再構築の機会が訪れたとニーチェは信じた。そこには価値のもう一つの価値転換があるであろう。彼はツァラツストラをその予言者とした。ツァラツストラは、最初に道徳的な善・悪の幻想を世界に導入したゾロアスターの隠喩的な化肉であるから、今やその幻想を駆逐する運動の代弁者となるべきである、とニーチェは言う。ツァラツストラは、善・悪を超越した存在者である超人にとっての洗礼者ヨハネである。彼は力への意志の直接的な表示(manifestations)としての新しい価値をもたらすであろう。それは存在そのものに反抗して導かれた憤怒の表出(expressions)としての価値ではない。その超人は新しい法典の創造者であろう。彼は挫折によって自らの本性から絞り出した存在の否定や、憤怒に満ちた行為としてでなく、彼の溢れる程の慈愛深い創造的な本性としての数々のキリスト教徒の美徳を教え、また実行して行くのである。勿論、彼はキリスト教が邪悪として非難する諸他の徳をも有している。その主たるものは、誇り、厳しさ、今この場での愛等々である。

ニーチェの超人は、サイエンス・フィクションの英雄ではない。彼は、優生学やダーウィン的な生存闘争によって将来いつか創り出されるかも知れない存在者ではない。むしろ、彼は君の「真の自己であって君自身の内に深く隠されて置かれているのではなくて、測り知れない程高く君の上にいる」[13]。その超人の倫理的命令は、「君自身であるところのものになれ！」である。彼のみが、全ての人々の中で、彼自身についての完全な真実を負うことのできるものである。

その超人は、ニーチェの教義の最も不可思議で秘儀的な、しかも難解なものを全て包括する程の肯定的な現存在の教義――万物の永劫回帰――を有する。これによると、万物の運動は、無限回の世界周期の中で無限時間繰り返されている。生の悦楽と同様に災難も際限なく回帰する。これが白痴によって語られた物語であるという感情なしに、無限の前兆となる音と恐怖に満ちて、「ハイ」とこれに対して言える者は、現存在の清浄さを最高度に再肯定しているのである。彼は現存在の清浄さの歴史的否定に対しても、彼自身への非難に対してさえも「ハイ」と言う。彼は、進歩というフィクションを必要とはしない。何故なら、彼は人生のあらゆる瞬間が永劫に回帰するに値する程の肯定的な人生の瞬間を見出しているからである。ファウストに対するメフィストフェレスの挑戦――永久に不満足なファウストが「止まれ、汝は余りに美しい」と驚嘆する瞬間をメフィストフェレスは創造することができた――超人はあらゆる瞬間に勝ち誇って、それに会合している。我々の通常の現世的な現存在の最少の良い瞬間の無常性の埋め合わせとしての、争う余地なき完全性の別世界（天国）の全てのものを、超人は全く何も必要としない。彼はこの無常性そのものを、それの無限の繰り返しを欲することによって、永久的な現存在の状態に可能な限り近づけるのである。その時、過ぎ去る全ての出来事に対して「尚もう一度！」と言いつつ。

おゝ　人よ、気をつけよ！

その深い真夜中は何を宣告したのか？
「私は寝むっていた
深い夢の中から　私は目覚めた　そして誓う　世界は深い　昼間に気付いていたよりも深い　その悲哀は深い　悦び――苦悶よりも尚深い　悲哀は哀願する、行け！　しかし　全ての悦びは永遠を欲する　深く、深い永遠を欲する」[14]。

原注

第六章　ニーチェ

（1）"Thus Spoke Zarathustra," *The Portable Nietzsche*, p. 139.

（2）*Ibid.*, p. 230.

（3）"Toward a Geneaology of Morals," I, ∫10, *The Portable Nietzsche*, p. 451; *The Philosophy of Nietzsche* (Modern Library ed.), p. 17.

（4）*The Will to Power*, ∫179, trans. A. M. Ludovici in *The Complete Works of Friedrich Nietzsche*, ed. By Oscar Levy (Ney York: Macmillan and Co., 1924), Vol. XIV.

（5）"Beyond Good and Evil," ∫62, *The Philosophy of Nietzsche*, p. 70.

(6) "Genealogy," III, ∫27, *Ibid.*, p. 175.

(7) "Zarathustra," *The Portable Nietzsche*, pp. 123-4.

(8) "The Antichrist," ∫39, *Ibid.*, p. 612.

(9) *The Will to Power*, ∫∫168, 158.

(10) "Genealogy," III, ∫22, *The Philosophy of Nietzsche*, p. 157.

(11) "Zarathustra," *The Portable Nietzsche*, p. 185.

(12) "The Antichrist," ∫62, *Ibid.*, p. 655-6.

(13) Quoted from Kaufmann, Nietzsche, p. 271. The following paragraph is largely based on Kaufmann's reconciliation of the doctrines of the Superman and eternal recurrence, which many writers have believed to be inconsistent with each other.

(14) "Zarathustra (The Drunken Song)" ∫12, *The Portable Nietzsche*, p. 436. Copyright 1954 by The Viking Press, Inc., and quoted by permission of Walter Kaufmann and The Viking Press, Inc. Kaufmann has given another translation of this song in his Nietzsche.

訳注

【8】 ユリア・ヒープ型の人間性

旧約聖書のサムエル記　下、第一一章にある話で、イスラエルの第二代の王ダビデが、臣下の将軍ユリアの美しい妻を横取りするために、ユリアを討死させる。下位の者が反抗できない人間性(humanity）を、ニーチェは指摘している。

モーゼの十戒（「出エジプト記・Exodus」の第二〇章）にある「隣人の妻……を欲しがってはならない」に反し、ダビデのしたことは主を怒らせた。

第七章　ジェイムズ

哲学に対するアメリカの最も重要な貢献はプラグマティズムである。哲学における活動的な働きとしては、プラグマティズムはその当時だけのものであったが、その効果は後まで続き、今日でも米・英の殆どの哲学者にはプラグマティックな要素は強く残っている。

プラグマティズム的な運動は、一九世紀後半のジェイムズと彼の同僚達だけの何か絶対的に新しいものではなかった。ジェイムズ自身がプラグマティズムを「古い思考法の新しい名前」と呼んでいる。その古い思考法は、ホッブズやヒュームやカント等の先行哲学者たちの中に容易に認められる。哲学者の研究の外部で活動する哲学的な組織がないとすれば、それは、その当時の時代と場所のより広い知性的及び文化的な要求に応じるものがなければならない。我々アメリカ人が通常そこに身を置くところの経験の中心にあって、今ここで何かを為すのに、活動性や発展性を見出せる哲学を欲した時に、プラグマティズムは冒険好きで荒削りなアメリカ的生活に特に適していた。ヘンリー・ジェイムズを英国へと追いやったアメリカ的生活の活発で性急な何かあるものが、彼の兄ウイリアム（一八四二―一九一〇）によって哲学に仕立て上げられたのである。

ジェイムズは、思想家を堅固な精神の者と柔和な精神の者に二分する。柔和な精神の者は、ものごとの単一さに感銘し考えることを好み、理想と高度な抽象性を好み、彼らの夢を脅かす不潔な些細な事柄を軽蔑する。堅固な精神の持ち主は、より現実的で確率に従って生活する態度で、ものごとを前進的に受け取り、辛抱強くより良い事柄に向って働くことを好む。従って、万物は完全な宇宙の中で現実に善であるとか、その中では何ものも変えられないとは思わない。この基準では、例えば、スピノザは柔和な精神で、ヒュームは堅固な精神である。ジェイムズ自身は自らを堅固な精神の者と考えることを好んだけれども、我々は彼の中に極めて奇妙な両方の混合を見出せる。

従って、我々はジェイムズの宗教に対する二つの幾分異った態度を見出すのである。我々が採用した基準では、彼は常に世俗哲学者であった。しかし、彼は時としては一つの仕方では世俗的であるが、また時としては別の仕方をもとる。彼が展開するこの二つの種類の宗教哲学は相互に相容れないものではないが、しかしまた、相互に非常に近接したものでもない。私はこれを彼のプラグマティズムと呼び、良い言葉がないので、彼の精神的多元主義と呼ぼう。

初めに彼のプラグマティズム全般を考察し、それを彼が宗教にどのように適用したかを見よう。プラグマティズム主義者にとっては、真理とは観念に対して生じる何かあるものである。観念は有効に働けば、それは真理である。しかし、それはお金をもうけることに有効に使えると真理であるとか、それを信じると内的好感情が我々に与えられるとかを意味するのではない。ある観念は、それが予想された通りに働けば、役に立つ。しかし、その観念が予期されたこと、或いは、約束されたことと相違すれば、それは我々の経験の中において相違が生じることになる。ジェイムズは、その当時全く悪意に解釈されたところの比喩の中で、真理は観念の「現金価値」(cash value) であると言っている。この比喩で彼は観念を小切手になぞらえている。美しい小切手も不渡りかも知れない。君はその小切手を検査したり、どこから来たかを知ることでは、その小切手が信用できるかどうか分らない。それを知るには、銀行へ持って行って、それだけの現金を得られるか否かを知るのである。同様に、観念は未来の経験の下絵であり、それには未来の経験が期日通りに支払われるか否かがかかっている。経験は観念を保証する、即ち、もし経験が観念の約束した通りの結果になれば、その観念は真であることが示される。真の観念は我々の経験を予期された到達点へと導く観念であり、虚偽の観念はその観念において我々が懐く期待を裏切る経験へと導く観念である。空虚な観念は、どこへも導かない、つまり、我々のためにある事も、またその反対の事も準備しない観念である。

観念は将来の経験において検証されるべき仮説であって、それ自身だけのために懐かれるべき何かあるものではない。仮説は行為の計画である。行為は仮説を検証することも反証することも出来る。『真理』は、我々の思考方法における唯一の方便である。丁度、『正義』が、我々が信じることにおける唯一の方便であるように[1]」——ただ我々はこの「方便」をある長期間の経過を記述するために用いなければならないのであって、単に一時的な苦境から我々を脱出させるための方便としてはならないのである。

プラグマティズムの認識理論については、これまでとしよう。第一章で述べた実証主義者たちのように多くの哲学者たちがこの真理の理論について多く取り上げて、次のように結論づけた。即ち、神の理念はこの経験的検証の主題ではない。仮に神が存在しようがしまいが、将来経験は予見的に何ら異ならない、従って、神学的理念は、仮に虚偽でないとしても、少なくとも空虚であるか無意味であるかにすぎない、と。しかし、ジェイムズはこのような実証主義的な推論はしない。彼がそうしないのは、ここで含まれているような二種類の異なる検証に明確な区別をつけないからである。そして、彼はある時は一つの、また別の時には他の検証を用いて、各々に同等の重要性をおくのである。

両者間の重要な識別は、(a) それに基づいて行為がなされるところのある理念が有する真理の経験に対する結果と、(b) ある理念が有する真理を信じることの結果である。

これは多分非常に微妙な差異のように見えるだろう。しかし、それは大層重大な差異なので、私は簡単な例示によってそれを明らかにしよう。私が列車でボストンへ行きたいと思い給え。私は一つの理念を持っている。つまり、私は列車が正午に駅を出ることを信じている。この理念は、私がそれによって行為しない限り結果をもたない。しかし、結果は二種類になるだろう。先ず第一のは、単にそれを信じることの結果である。その結果は私が駅へ行くだろうということである。第二のは、もし私がそれを信じて、そして、それが事実真理であれば生じるところの結果である。この種の結果は、私が駅へ着いた時に列車の放送を聞いてそれに乗車すれば、私はボストンに着くであろうという結果である。ボストンへの到着が、私の理念が真理であったことを示している。従って、通常の生活では、仮説を信じることの結果、つまり、駅へ行くことと、信じられた仮説の真理の結果、つまり、ボストンへの到着とを区別しているのである。

さてここで、ジェイムズが宗教的な仮説に対してプラグマティズム的検証を適用している労を観ることにしよう。我々は、宗教的仮説の真理あるいは虚偽の発見しうる、または観察しうる事実の世界における結果と、この理念が真理であれ虚偽であれ、それを信じることの我々の生活における結果とを識別しなければならない。宗教的な脈絡では、謂ば、教会へ行くこと（駅へ行くことのように）と、天国に到ること（ボストンへ到着することのように）とを、我々は区別しなければならない。ジェイムズは、仮説そのものが二つの部分を有するということで、これら二つの検証が含まれていることを示している。ジェイムズによれば、宗教は、第一に「最善なることは永遠なることである」、そして、第二に、もし我々が第一のことを信じれば、「我々は今よりも一層豊かになる」と称しているのである。

神の存在は、人類の宗教、特にキリスト教が完全なるものの永遠性を心に描く通常の方法である。そして、信仰が我々の現在の生活の中で、宗教がこの仮説の働きを見出して来た通常の形態である。しかし、善なるものの永遠性の宗教的仮説が表現されうる他の方法も、微妙な差異はそれぞれにあるけれど、存在する。話を単純にするために、私はここではジェイムズよりも狭くして彼の用語を使って神の存在の仮説のみを論じよう。この仮説は、原子の存在の仮説のようなものではない。我々は、もし神が存在すればある方法で、また神が存在しなければ別の仕方で判明するであろう客観的な実験を考案することはできない。この理由で、我々が応用できる唯一の検査は、その信仰を受け容れた結果の検査であって、それは、その信仰が真であるか否かに拘らず、我々が知りうる限りでは、事実上同じものなのである。それの信仰、あるいはそれの拒絶、あるいはまた、それについての判断の単なる疑念が、その人の行動に相違をもたらすであろう。そして、その事によって間接的にこの世における他の事柄の成行きにおいても相違が生じるであろう。この事象において、我々が理念そのものの真理性を検査することができない場合には、我々はその理念を信じることの結果を考察する権利を有するとジェイムズは言う。

ジェイムズがここで言っていることは、単なる希望的観測の口実ではない。もし我々が、ある理念が真理であるか否かを、その理念による結果を探索し検査することによって知るならば、我々はどれ程それを拒否したくてもそれを不信とする権利は有しない。たとえ我々がそれが虚偽であることを、それの結果によって示せたとしても、それを受け容れることから脱出する情動的な反抗を好むが故にとて、我々はそれを信じる権利を有しない。いや、直接的に検査できない信仰に対して、ジェイムズが適用した検査は、次の四通りに限定される。

第一は、その理念そのものに基づくところの知識が、その理念の意味内容において、将来的事実に関する我々の経験にとって、我々の手に届かない、また将来も届かないままに残るであろう場合にのみ適用されうる。

第二は、二者択一的な仮説のうちの一つを選択すること（それをジェイムズは「選択権」（option）と呼ぶ）が有効な仮説の中でなされるべき場合にのみ、それを適用することは合法的である。有効な仮説とは、我々に対して何らかの訴えるものがあり、我々がそれに基づいて行動できる仮説である。しかしジェイムズは、マホメット教徒（Mohammedan）になるか、或いは、神知論者（theosophist）になるかの選択権は、我々にとっては有効な選択権ではない――他の人々にとっては有効であるかも知れないけれども――と言う。

第三は、この方法でなされる選択は重大でなければならない。それの結果は我々を束縛するに足る深刻な結果をもつものであって、嫌なら回避できる些細なものではない。親友が誠実であるか、或いは私の友情を裏切ったか、を信じることは私にとって重大な選択権である。雪でなく雨が降るだろうと信じることは、それと同様の重大な選択権ではないだろう。

第四は、選択は強制されなければならないということである。私が傘を持って行くか持たずに行くのかの選択は、しなければならない選択ではない。というのは、私は全然行かないと決めることもできるからである。しかし、ここで関与している事柄では、私は判断を留保することができない。私の友人が私を裏切ったという程の仮説が非常に確かであれば、友情は既に失われている。同様に、神の存在は、それの充分な経験的証拠が得られないからというだけで信じないのは、ジェイムズに言わせれば、実践的に（即ち、我々の行動にとって）は神の非存在を信じることと同じことなのである。

斯して、宗教問題においては我々は重大な強制された選択に直面している。選択の回避そのものが、他の仮説よりもある仮説を実践上は選択していることになる。そして、それが両仮説間の片方の選択となるであろう程に重大なことなのである。

さて、これらの条件の下で我々の前に一つの選択がある場合に、「我々の情熱的な本性は、合法的に決定するかも知れないのみならず決定しなければならない」とジェイムズは言う。証拠が利用できるだけ重要視される場合には、我々は希望的観測を排斥しようとする。しかし、証拠が無いか、あり得ない場合に、しかも我々が決定しなければならない場合には、我々は他の証拠よりも何らかのある一つの証拠に基づいて決定しなければならない。我々は我々の選択によって影響されるであろう我々の目的を根拠として決定しなければならない。というのは、他に根拠となるものが全然ないからである。

宗教は生きた伝説である。それに対する賛・否の選択は重大である。それに対する事実上の断定は、証拠によって不適切に支えられている。我々はそれを肯定することも否定することも回避できない。というのは、判断を取り下げることは、実際においてそれを否定することと同じことになるからである。

そこで、我々はいずれの選択をなすべきか。多くの哲学者たちは言うであろう、彼らが「人生から求める」ものが何であれ、彼らの情熱的な本性が、不可知論とか無神論の小径を選ばせるであろう、と。そして、この選択をする人々について、ジェイムズは彼らが誤りであることを示せなかったと譲歩する。しかし、彼の選択は、宗教の少なくとも何らかの教理を信じることである。ジェイムズにとっては、宗教信仰の結果は彼の「情熱的な本性」と共に、唯物論の結果よりも決定的により良いものに思えた。その唯物論とは、彼が死せる無意味な敵意に満ちた世界に住み、そこでは道徳的関心は幻想であり、彼の向上心は必然的に無駄になるというのがジェイムズの信条であった。[2]ジェイムズはまた他方で、この〈無神論とか不可知論を選択する〉人々の方が、次のような人々よりはより良いと考えた。それは、世界の絶対的な理想の概念を受け入れる結果、全ての事柄は永遠に必然的に善であり、人間の行為はただいくつかの神聖な筋の通った計画を受容するだけであると信じる人々である。そのような哲学――及び、ジェイムズがスピノザの「閉塞宇宙」(block Universe) と呼んだものが、それら両者の典型と言ってよい――がジェイムズにとっては衰弱化哲学であって、それは我々がいやいやでも受け入れなければならない真理として充分に支持し確立されるべき証拠を重視しない哲学である。

その反対の哲学――意志の自由と魂の不死と人間の理想と最高の大望と、宇宙との何らかの親近感のある、そしてまたその構造に幾分か粗雑さと緩慢さのある哲学であって、その結果それの一切を包括する善さにおいても我々を息苦しくさせない哲学――は、同様に真理として確立すべき客観的に有効な証拠をもたない。これを、ジェイムズは快諾する。ところがこれに乗じて彼はこう言う、即ち、それの受容と肯定は道徳的にまた情緒的に善い結果をもたらす、と。それは人々が自分たちがオウマ・カイヤーム（Omar Khayyâm）【訳注9】によって祝福されたような探索できないチェス遊戯の中の無力な歩（ふ）であるとか、世界機械の中の単なる歯車であるとか、自分で理解できない演劇の一くだりを舞台の上で意味も分からず大声で言っている役者であると信じることから解放する。それは人々に自分たちが永遠の価値樹立に向って何事かを達成できると感じさせる。そして、もし彼らがそれを感じなければ、彼らは決してそれを遂行しないであろうことは確実である。

斯くのごとくにして、ジェイムズは彼の選択を行った。しかし、彼はそれに関して決して独断的ではなかった。彼は自分の選択が読者にとって必然的であることを示すことは明言しなかった、と読者に通告した。但し彼は、不可知論者や無神論者の選択よりも正直であると信じている。というのは、彼らの選択によってはア・プリオリに除外されているであろう証拠と経験に対しても、ジェイムズの精神は開かれているからである。他方で彼は、誰もが自分の好きなことを何でも信じる権利をもつような知性の休日を宣言しているのでもないと警告する。彼は「誰も私が向う見ずな信仰の教義をしていると非難できるとは思わない。私はただ各個人が自らの個人的責任において自分の個人的信仰に没頭する個人の権利を教えただけである」[3]と言う。

さてしばらく、一つの理念についての二つの教理に戻って考えよう。親愛なる宇宙を信じることの結果は、宇宙が事実上我々にとって親愛的であるという命題の真理性に依存しているという何らかの根拠を、ジェイムズは我々にこれまで示したことがあるだろうか？　私は彼がそうしたとは思わない。しかし、ジェイムズが自分はそうしたか否かを考えているかどうか、私は確かではない。彼は「信じる意志」を「信仰正当化のための召命」と呼んでいる。それは、あたかも二つの宗教的仮説のうち、第二のものだけに関心があるかのようである、つまり、より完全なるものがより永遠なるものであると信じることで、我々は今ここでより豊かになるという仮説である。ジェイムズの議論は、知識が欠如している場合、ただ信仰を推奨しているだけであって、信仰そのものの真理性の新しい議論であるとは、私には思えない。

この方法で、第二の仮説に限定すれば、論証は重要である。というのはジェイムズは次のことを正確に見ているからである、即ち、人は一つの理念に基づいて快く行為するだけの充分な信仰を持っていなければ、その理念の真理性は、たとえ実際に真理であるとしても、その人には見いだされないだろうということである。伝統的な神学用語で言えば、ジェイムズは、アンセルムス【訳注10】に従って、我々は知らんがために信じる、と言っているのである。我々が、もし信じなければ、我々に知らせることができる資料を得たり経験を有することはないであろう。もし我々がこれらの経験をもち、それに基づいて行為する事を許すのに必要最小限の信仰をもつならば、我々はある重要な事柄が生じるかも知れないし、また他の重要な事柄が確実に生じるであろう状況に自分自身を置くのである。そこで先ず第一に、もしジェイムズの現実性の形而上学的概念が正しければ、何が生じるであろうかを考察しよう。というのは、これはジェイムズが、宗教的仮説のプラグマティズム的な検査が宗教的仮説を真理たらしめる効果を有するであろうと信じていたことを示しているからである。

　ジェイムズの形而上学的教理では、世界は先行的に固定した実在性として存在し、我々がそれに対して適合すべきものであるとするのではない。ジェイムズにとって世界は既に完成した宇宙ではなくて生成中の宇宙であり、未完成の宇宙であって、それに対して我々自身の活動が貢献しているのである。行為へと導く信仰は信じる人に影響するのみならず、信じられる事柄に対してもまた効果を及ぼすかも知れないのである。願望は、願望の目的が行為によって実現化されうるものである場合には、その目的を創造するのである。例えば、人間社会においては、女性の愛への願望が、女性が実際に我々を愛するようにさせるかも知れないということを、我々は知っているだろうとジェイムズは言う。「事実に対する信仰は事実の創造を助成する」、「ある種の真理への欲求が、ここであの特殊な真理の存在を生じさせるのである」[4]。永遠に生じ来たる宇宙の中では、多くの中心を通して常に活動的で、そして無用な副産物や幻想としてでなく核としての精神を有し、世界そのものが変化し、またその中での人類の活動によって再創造される。「神々が存在するという頑迷な信仰によって……我々は宇宙に可能な限りの深い貢献をしている……」[5]。我々は世界の中へ、謂ば、神の如き特性と能力を導入している。しかしながら、これは粗野な思弁であって、神学をも哲学をも全く満足させない。そして、ジェイムズはそれを充分精巧に考案し定義することから程遠いので、我々は彼が単なる宗教的仮説に対する情熱だけで、一体どの程度までそれに気づいていたのかを実際に知ることはできない。

しかしもし、我々が宗教的仮説においてこの信仰に影響する経験に対して充分に敏感であると信じるならば、確かに別の事柄が、我々の内に及び我々に対して起こるであろう。たとえ、我々が信じるところの事柄の内に、及び、その事柄に対して起こらないとしても。我々は少なくとも宗教的仮説に対する証拠――ジェイムズは殆ど科学的証拠と考えている――を得ることができるであろう。もしも何らかのそのような証拠があるとするならば。

そのような推測的な証拠が、ジェイムズのよく知られた講義『宗教的経験の諸相』において探求されている。それらの講義は、殆どが宗教の心理学についてであり、それらの殆どは『信じる意志』の宗教的プラグマティズムと少ししか、或いは何の関係もない。但し、信じることの志向（willingness）は、宗教的仮説が、少なくとも確からしいことを示す証拠を得る前提条件であるという事例だけは述べられている。これらの講義における彼の手順は、信仰の良好な結果を基盤とした宗教信仰の教義乃至は推奨ではなくて、むしろ、個人の宗教経験において証拠が見出された場合に、信仰の対象の存在についての証拠を検査することに向けられている。

宗教的経験、特に非常に鮮明な類の経験は、度々神経病理学と関連しているようである。高度で深い宗教的人物の多くが、精神病医学者の目で見れば、ヒステリーや幻覚、妄想、てんかん等々の犠牲者であった。バートランド・ラッセルはかつて、断食している人々が空中に実際に天使が飛んでいるのを見ることができると信じているのも、ウイスキーを飲み過ぎた人々が天井の上を実際のねずみが歩いているのを見ることができると信じるのも、同じような理由しか見出せないと言った。

ジェイムズは、精神病医学者の言うこれらの事実に全て同意し、同様に徴候のリストに厖大な数の奇妙な魅惑的な資料を加える。我々はジェイムズが哲学者になる前は心理学者であり医者であった事を想い出させられる。尚かつ彼は正当にも、ある人の生涯についての諸々の事実は、その仕事が無価値であることを示すとか、その人の信仰を論破するだけでは充分ではない、と言う。ベートーヴェンのような聾者が美しい音楽を書くことができたとは、誰が言えただろうか。それは耳科医学者（otologist）ではなく、ただその音楽そのものを聞いた人だけが言えることである。我々は、ベートーヴェンの音楽を聞いてそれを美しいと思う。そして「これはつき合いにくい老聾人によって構成された只の音にすぎない」とは言わない。同様にジェイムズは、仮に非正常な恐らくの気の狂った宗教的な人々が言ったことであっても、何らかの意味があると考えよう、と言う。彼はこうたづねる、即ち、神秘論者や予言者によって報告されるような宗教的経験が、彼らが体験したと主張していることに関する仮説を支持するだけ充分に整合的であろうか？　と。そして、彼は、それは次の通りであった、と答える。

キリスト教及び非キリスト教の宗教的文献に保存されている宗教的経験の種々様々で混乱した全ての多様性の中でも、ジェイムズはある種の共通した特徴を見出した。その最も重要なものは次の通りである。

第一に、宗教的な人は最初に彼の生活の通常の経験の中で不安と空虚さの感情を有する。罪の意識、無能さ、自暴自棄、無意味さ等々の感情であり、最も宗教的な人では、ジェイムズが「病める魂」（sick soul）と呼ぶものがある。

第二に、この感情は、被害者が「より高度な力と適切に結合している」と感じる別の感情におき代えられること。

第三に、この高度な力との結合の中に存在する彼自身のより高度な部分と、彼自身との同一性が発生する。

そして第四に、「彼はこのより高度な部分が、同じ質のより大きなもの（MORE）と隣接し連続していると意識するようになる。そのより大なるものとは、彼の外部の宇宙において作用し、しかも作用することにおいて彼が接触を保持できる。それは、彼よりも下等な存在者が全て木端微塵になった時にでも、彼自身は船上にいて救われるという仕方で接触を保持しているのである」[6]。

宗教的経験のこれらの特徴の各々は、数百もの神秘的経験、転向、再生、祈り、崇拝等の報告からジェイムズによって記録されたものである。ジェイムズが「過剰信仰」（overbelief）と呼んだところの、彼らの光の中で受容したもの――外部的な何かあるものと隣接しているこの高度なる自我――は現実に存在している、即ち、彼は、宗教的経験は、それの起源は度々精神病的なものであるにも拘らず、証拠的価値があると結論付けた。

しかしながら、それが一体何の証拠なのかは余り明らかではなかった。彼自身の言葉では言いようもない神秘的な各々の経験を叙述することにおいて、彼の独特な宗教的教養と教育の語彙を用いることは何の助けにもならなかった。そこでジェイムズは彼らの啓示の特殊な要点を扱う段階になった時に、宗教的経験の叙述は、それらが先に示した四つの点を通じて調和のうちに進んだ後で分岐することを見出した。そして勿論、各々は特殊な神秘に近親的な神学的体系の方向へと分岐した。

しかしながら、ジェイムズ自身の仮説は伝統的キリスト教の伝説とは調和しなかった。そこで彼は、極端な特殊な例へは行かずに、宗教的経験に共通した特徴を説明するであろう仮説の枠組みを試みた。そして彼は、宗教の「実践的要求と経験」に適合した最も単純な仮説は、一神論や汎神論ではなくて、多神論であると結論づけた。彼は次のように書いている。

……各人を越えて、また各人と連続的な形態において、より大きなある力が存在し、それはその人にとって、またその人の理想にとって親密なものである。〔宗教的経験の〕事実が要求する全てのことは、その力が我々の意識的自我（our conscious selves）以外のものであり、それよりも大きいものであるということである。より大きいものは何でも、それが〔我々自身の個人性を越えて〕次の段階への信頼に充分に値するだけに大きいものでありさえすれば、それでよいのである。それは無限でなくても、唯一のものでなくてもかまわない。それはただ相当程度より大きく、より神的な自我であり、現在の自我はそれの不完全な表現でしかないものであり、宇宙はそのような自我の集合であるかも知れないものであって、その中には全く絶対的に実現された統一性はなく包含性でしかないようなものである。このようにある相対的に異なった程度の種の多神論は我々に舞戻って来るであろう……。(7)

多神論は、ジェイムズのように悪の問題を深刻にとらえ、外見において強く活動的で個人主義的な哲学者に対して常に訴えるものがある。ジェイムズは、万物は究極的には一であるという哲学、即ち、一元論（monism）を常に拒絶して来た。彼は一元論を「塊り宇宙」（block universe）の信仰と呼ぶ。ジェイムズは、唯物論者の塊り宇宙――その中では我々は機械の歯車でしかない――に反対したのみならず、スピノザの宇宙観――緻密に編成された論理的総体――にも反対した。同様に、絶対的理想主義者の宇宙――その中ではあらゆるものが至高の価値の精神的絶対性の中に存在している――に対しても反対している。ジェイムズがこれを書いていた時、究極的にはヘーゲルから導来されたこの宇宙観が宗教に最も適したものだと一般に信じられていた。しかしジェイムズは、宇宙にはその中において全体にとっては悪も部分的に善であり、不可欠であって、自己自身も含めて全てのものの結合性が、冒険や創造性や企業心に何の行動の余地も残さなければ、それは人間的感覚において全然良くないと思った。ジェイムズには、絶対的理想主義者の宇宙は我々の善悪の経験と根本的に異なるので、無愛想なものに思えたし、また悪に対する漸進的な勝利を生じさせるための我々の働きの責任にとっても無愛想に思えた。

従って、ジェイムズはこの概念に対抗して、多元的な理論を設定した。その中では神も宇宙内部の他の存在者と共にあり、それらは部分的には神に依存せず、むしろ部分的には神に敵対的でさえある。神は絶対的自我ではない。絶対的自我という言葉さえ、ジェイムズには無意味に思えた。というのは、自我はそれの外界や挑戦や好機といった形で自らに対して非我（nonself）【訳注11】を常に有しているからである。世界の万物（All）との対等者としてでなく、世界の中の一つの存在者としてのみ、神は人格としてまた宗教的な経験や感情や活動の適切な対象として崇拝されうるのである。

これは多神論的概念であるのみならず、人が活動的な諸関係をもちうる有限な神及び神々への観念をも包含する概念なのである。これは哲学においては長い歴史を有する、少なくとも最初はプラトンまで逆のぼる思想である。これの最も雄弁な表現はジョン・ステュアート・ミルの陳述の中に見出せるのであり、ジェイムズはそれを一言も変更せずに反復できているのである、――たとえ彼が他の哲学者たちを暗誦し反復しなくとも。

宗教的理念のこの形態が是認する一つの高揚した感情、それは宇宙の中のこの善い原理の全能を信じる人々に対しては開示されていない感情、〔即ち〕神を助けているという感情――彼が全能ではないので、実際に必要としているところの自発的な協動によって彼が与えた善いものに報いるという感情、そしてそのことで、彼の目的の成就に少しでも接近したかも知れないという感情……また、たとえこれ以上は何も到達することもない程の貧弱な規模においてではあっても、これの完成をもたらすことへ少しでも近づけるために、生涯を通じて何かをすることは、人間的創造物を鼓舞することのできる、最も生気ある、また活気づける思想なのである……。(8)

原　注

第七章　ジェイムズ

（1）pragmatism (New York: Longmans, Green, and Co., 1909), p. 222.

（2）しかし、バートランド　ラッセルは彼の『聖人殉教者受難物語の性質』と併せて、我々は実に死せる、無意味な、敵対的な世界に住んでいるという信条から、全く反対の結論を引き出した。この信条で意気消沈することなく、あるいは（ジェイムズがしたように）我々の高貴な向上心に友好的な宇宙における何らかの力を信じる代りに、彼は人間に「疲労している」が断固たるアトラス、即ち、無意識の力の踏みつける行進にも拘らず、自分自身の理想で形成した世界を単独で維持すること」を要求した。("A Free Man's Workship"[1903], reprinted in Mysticism and Logic [New York: Doubleday & CO. -Anchor Book, 1957])

（3）*The Will to Believe*, (New York: Longmans, Green, and Co., 1917), p. xi.

（4）*Ibid.*, pp. 25, 24; cf. A Pluralistic Universe (New York: Longmans, Green, and Co.,

1909), p. 329.

（5）*The Will to Believe*, p. 28.

（6）*The Varieties of Religious Experience* (New York: The Modern Library, n. d.), pp. 498–9.

（7）*Ibid.*, p. 515.

（8）John Stuart Mill, *Three Essays on Religion* (New York: Henry Holt, 1874), p. 256.

訳注

【9】　オウマ・カイヤーム（Omar Khayyám　約一〇五〇〜約一一二三）

ペルシャ人の詩人、数学者、天文学者として西欧世界に知られている。彼の四行詩（quatrains）は、存在の不可思議と現世的快楽の祝福を冥想した詩である。人が自分をチェスの無力な「歩（ふ、pawn）」であると感じることから解放する、とジェイムズは言う。

【10】　アンセルムス

Anselmus Cantaberiensis (1033-1109)

神の存在を「啓示」によらず、理性によって理論的に証明しようとした。その「存在論的証明」は、カントによって否定されたが、神の存在は人間的認識能力を超越していると言うヘーゲルによって復活し、今日も論争は残存しているとの見解もある。アンセルムスは、知と信の関係を問い正して、W・ジェイムズのプラグマティズムの宗教観にも大きな影響を与えた。

【11】　非我（nonself）

ドイツ語で nicht-Ich という。フィヒテ（Fichte 1762-1814）の中で、現実の自我は非我（自然）によって制約され、非我との対立においてのみ意味をもつ、としたことに由ると思われる。

第八章　サンタヤナ

「神は存在しない、そして、処女マリアは彼の母である」……サンタヤナがこれを言ったのではない。これは、バートランド・ラッセルが冗談半分に彼の話にしたまでである。しかし、実際サンタヤナはそう言ったかも知れない。これは彼の風刺詩のようであり、また彼の宗教哲学を殆ど要約している。これは彼の宗教上の思想の二つの極を活々と並置している、即ち、所謂宗教的真理に対する懐疑主義乃至は消極主義と、宗教的な信仰と実践とにおける本質的な価値の肯定という二局面である。

ジョージ・サンタヤナは一八六三年スペインで生れ、九歳の時にアメリカへ連れて来られた。彼はハーバード及びドイツで教育された。そして、ハーバード哲学の隆盛期にハーバードでジェイムズと同僚になった。彼はアメリカで決して快適ではなかった。彼は幾分ヘンリージェイムズに似て、ウイリアム・ジェイムズが哲学的広報官を勤めたアメリカ的な生活のあらゆる面に対して殆ど異邦人であった。従って彼はヘンリー・ジェイムズ同様、生涯の殆どをヨーロッパで過した。そして、一九五二年ローマで死去した。

サンタヤナの筆致は、哲学的著作者としての名声に値するものであったが、しかし、それは彼に文学者としての名声をもたらした。彼は詩人であり小説家であり随筆家であったのみならず、哲学者でもあって、その厳格な哲学的著作は素人にも近づき易い文体で書かれており、人によっては疑いもなくプラトンやビュームのことを忘れて、読み易い哲学者は思想においてもうわすべりであるに違いないという幻覚を懐いたことであろう。彼の三巻の自叙伝で、主として貴族的人間の役割での教授達を、彼が面白がって軽蔑的に表現したことをもってしても、彼が深刻な思想家であるとの評判を助成するものではなかった。それでも、ジェイムズやラッセルやジョン・デューイ等の同輩たちとの専門的な哲学論争において、彼は難解な哲学的技能の主人公であり、アングロ・サクソン哲学の歴史において忘れてはならない主人公なのである。

我々の目的にとって、彼の最も重要な著作は、『宗教における理性』であり、それは彼の『理性の生命』と『福音におけるキリスト教の理念』の第三巻にある。第一のものは一九〇六年に出版され、第二のものは四年後に出版された。これら二つの著作の間には、殆ど全く目立った本質的な相違は認められない。我々は両者間を時代錯誤の危険を犯すことなく行ったり来たりできる。しかし、第二の著作には大きな歴史的で神学的な詳細な豊かさがあり、キリスト教の親密な評価と、他の宗教との相違が述べられている。

サンタヤナの一般的な哲学的立場は、自然主義と呼ぶのが最適であろう。初期の段階では唯物論と呼ばれていたであろうし、恐らく現在もそうであろう。しかし二十世紀には、唯物論とはサンタヤナが拒否する種類の自然主義の一種になっていた。というのは、サンタヤナやデューイのような他の自然主義者の見解では、唯物論が余りに単純すぎたから、唯物論者は歴史を通してデモクリトスの追従者であり、彼は世界は真空中をアトム（不可分割者）が盲目的かつ無意味に飛び交う流動であると見なし、一切の色や香味や生命の価値等は幻想的、乃至は事物の測定可能な物理・化学的な特質よりも実在性の少ないものと見なしていた。唯物論者は殆ど常に機械論者であり、彼らは世界機械の中で微小な分子の引力と斥力の法則によって、全ては支配されていると信じていた。我々は、それらを彼らの最低の物理的用語に還元することによってのみ、より複雑な現象を把握しているだけである。例えば、生命は、殆ど信じられない程の複雑さの物理・化学的な現象に我々が与える名称にすぎないのである。意識は、脳内に去来するものの内的な影の一種にすぎないのであり、また全ての影と同様に意識は事象の過程に作用しない。「善」や「美」のような言葉も快楽の色合いを有するそれらの影の名前にすぎないのであり、それらは作用力と実在性の法則に何ら関与しないのである。

現代の自然主義者たちは、彼らの批判者たちによって度々唯物論者と呼ばれる。しかし、先述のような機械論的な唯物論は、ある面では余りに思弁的であり、また別の面では余りにも単純すぎると彼らは反論する。余りにも思弁的であるというのは、科学の成長を形而上学的な権威、乃至は究極性として受け入れて、科学の仮説の本質的には暫定的で試論的な性格を顧慮しないからである。また、余りにも単純であるというのは、唯物論者は経験の資料の僅かな部分だけを選び出して、残余の部分は無視するか、うまく言い抜けるからである。

自然主義者は自分らが見出すものは何でも受け入れる。それは、道徳的な理想や向上心さえも自然の所産として、また自然の豊かさのしるしを啓示するものとして見出す程に、である。彼らにとっての自然の秩序は、生物学や心理学、人間学、歴史学、芸術、宗教が単に自然の秩序を幻想的にこじつけて解釈した事実を伴った物理学の世界ではない。これらの事実は全て自然の部分であって、何が物理学の公式に適合するか否かという領域である。科学の世界も含め、世界のあらゆる絵は、実在性の豊かな貯蔵庫からの抽出物である。それでも尚、実在性は「物質」であるとサンタヤナは言う。しかし、彼の言う物質は物理学が通常取り扱う単なる素材にすぎないものではない。

自然主義者であることは、全ての事物の起源と時機（occasion）と価値を自然の秩序の中で見出そうと試みることを意味する。それは我々が全ての自然の成果を全ての文化の領域において探索することによってのみ知ることを我々は学び得る。自然主義者であることは、論議の二つの領域を相互に対置することを拒否することを意味する。一つの領域は「自然」と表示され、他は「文化」と表示されている。「自然は丁度土壌が花を生じさせるように、文化を生み出す」とサンタヤナの追従者の一人が言った。全ての事物は自然の執行的秩序に訴えることによってのみ把握されるべきである。しかし、この把握のためのカテゴリーは、経験において我々の前面に現われる全ての事物の探索にとって開かれた精神において発見されなければならないのであって、自然科学のお気に入りのア・プリオリな決定によって発見されてはならない。

実在性そのものを定義するのに、もし「実在性の錯綜した多様性において現象するところの如何なることでも」というよりももっと細密に定義するならば、それは我々には隠されたところに留まっている。自然の我々の科学的肖像でさえも、一つの社会的な、そして詩的に扱う過程の所産にすぎない。物理学的な世界画像も同様に科学的精神の自画像であり、それは生の事実において与えられた何かあるものとして考えられた自然の肖像である。法則の安定的で単純な外的秩序に対する科学者の信仰は、宗教的、乃至は神話的な体系と同様に理性の必要性と想像の所産である。科学者が把握する自然は、諸他の媒介機関によって把握される自然に対して何ら特権を持たず、理性の開拓にとってと同様に自然的である。そして、「物質」という言葉は、物理学的科学者にとっては自然を独占するために許される余りに好都合な言葉である。自然の各々の画像はそれぞれの用途があり、我々にそれを作らせた必要性に対応している。自然について我々がいかなる画像をもつとしても、それの客観的真理に対する懐疑主義と、それらの真理の客観的源泉がその中にある動物信仰とが、サンタナヤの認識論の二つの極である。

そのような哲学者は、私が初めに示した風刺詩に示されたような宗教に対する愛憎並存の感情

(ambivalence) をもつことが予期される。サンタヤナの宗教研究は、自然と人間の理解に近づく方法があって、全く自然的でない世界についてのいかなる真理への小径でもなくて、超自然的な方法である。従前の唯物論者たち――それにサンタヤナは「若造の機知と虫喰い風刺家」として言及している――は、宗教における余りに人間的すぎる要素を認可して、それらを、真理であるべき宗教の訴えを非難することで、強調した。ヴォルテールは、仮に神が実在していなければ、神を考案することの不可欠性を語っている。マルクスは宗教を人民の阿片と呼んだ。ヒュームは神の理念を創造することにおける恐怖の支配的な役割を示した。ヘッケルはごく最近、神に対して「ガス状の脊椎動物」として言及することで、宗教的な神人同形同性論に侮蔑を浴びせた。しかし、これらの思想家(ヒュームは除外可能として)は全て反宗教的な偏見を以て始めているのみならず、より重大なことは、一八世紀的な理性的動物としての人間の戯画像を以て臨んでおり、それには文字通りの真理のみが愚行と迷信に対する唯一の代替物となることであった。これらの過度の単純化によって、サンタヤナが言うには、彼らは未だ知られざる「思考の慣習から宗教の教理が湧出するのであり、そこに宗教の根源的な意義と真の機能があることを見失っている」[1]のである。宗教思想の性質と起源と機能と妥当性に対するこの人道的な探索は、サンタヤナによって詳細になされている。非常に類似のことが、幾分かは既にニーチェによってなされているが、しかしサンタヤナは、深い恨みを予言的な不機嫌で、人間の無知や愚行をも含めた人間的出来事に対して、超然とした同情で、全く気性が合わない上から目線でこれらを見ている。

サンタヤナは、理性の根源力（life）を常識、社会、宗教、芸術、科学の五つの領域において追跡した。理性とは、サンタヤナにとっては、経験の完全な自然的局面であって、それ自体が一つの自然の進化の所産である。それは、理性自身の価値の生産と保存において反省的で効果を生じるようになった経験である。それは、自然的な必要性に対応した映像を作り出すことによって、衝動と理想の感動的な綜合を生み出していると考えられる。それは、将来的経験において部分的には実現され享受されうるところの理想的な価値の映像において衝動を訓練し、それに焦点を合わせる。私の目の前にあるテーブルのような物体は、あらゆる種類の感覚の内容から理性が綜合した映像としてのみ知られる。それは私がその上で仕事をして将来の活動の計画を立てることのためのみとする安定した物体と見なす自然的必要性に続いて生じる映像である。従って、テーブルのようなものでも、その中で実際の経験が実用的に運営されているところの安定性世界の理想を、幾分かでも表象している映像なのである。理性の根源力は実践的な思想と行動であり、それは経験におけるその成果によって正当化される。その成果は衝動と映像の両者における卓越した悦楽である。それは、たとえその衝動が本を置く安定的なものであるとか、或いは私の人生を方向づける何か理想的なゴールを有するとか、また、その映像がテーブルであるか、芸術作品であるか、国家であるか、分子であるか、神の国であるか否かに拘らず、である。

これらの全ては、必要性によって造り出されたものであるが、しかしこれらは、想像力と理性の理想化を表現している映像乃至は神話なのである。完全に実現された理性の根源力においては、理性は単に映像力であることを止めて、作用的になる。衝動は単に野獣的であることを止めて人間的になる。行動は発作的で虚飾的であることを止めて知性的で効果的になる。理性の根源力そのものが、人間のような意識的な存在者の具体的な理想である。それはあるプラグマティストの人々に現われるような、他の何らかの具体的な目的の為の単なる手段にすぎないものではない。それはそれ自身が全ての価値の賞揚(celebrtion)の源泉であり場所である。理性の根源力を生きることが、人間のような存在者の最高にして唯一の純粋な善であり、人間は現実には動物であるが潜在的には理性的である。

宗教は理性の生活の一側面である。それは(宗教)社会生活の道徳的要求を伴って、我々の社会生活から発生する。「それは絶対的な道徳的決断をなす」——単なる怜利の決定ではなく。「それは倫理を認可し、統一し、形成する」——単に一場所的で一時的な感受を、永遠で絶対的な次元として現われるところのものにまで高めることで。それは我々の個人的な限界から部分的には解放する。理性の根源力の全ての局面が、ある程度の範囲で、これをする。というのは、我々は我々の小さな個人的な経験の範囲内には完全に没頭し切ることはできず、また理性的でもあり得ないからである。我々は、少なくとも想像力と行為の計画において、我々が宇宙の中心であるという幻想に固着し止まることなく、我々が存在する場所を去ることによって理性的になる。宗教はこれらの事柄を神話と詩によって遂行する。「宗教は想像力によって合理性を追求する」。

我らが哲学者サンタヤナは続けて言う「宗教の唯一の真理は人生の解釈より生じる。即ち、宗教がそこから噴出して来るところの、また宗教が照らそうとするところの、あの熱望への象徴的な返報から生じる」と。しかし、陰険であるが自然な誤解を通して、サンタヤナは、彼が全人類の自然的幻想であると考えることの司教たちの言い遁れについて説明することは何も有しないだろう。その幻想は哲学を通してのみ派生する。宗教の詩は、詩として認識されない。むしろ、それは文字通りの真理として考えられ、独立した超自然的な道徳的権威を有するものとして考えられる。従って、宗教の虚偽性は「これらの詩的な概念は、単に詩的ではなくて、別世界の経験と実在性についての文字で現わされた情報である、――それは摩訶不思議にも、この世の経験と実在性によって展示されたこれらの欠点を補うものである」という信仰である。(2)

宗教的詩や神話は、文字で現わされた真理であると信じることは、只単に無害な空想であるに留まらない。そのような信仰は、我々の道徳的で知性的な自由を制限し脅かすものである。そのような信仰は、道徳的には人間と自然との関係を歪曲し、人間自身の自然性をも含めた自然を侮らしめる。それは、最も価値あるものを、道徳が有効でない不自然な（従って非実在的な）理想の領域に位置付けることによって、そうするのである。ニーチェの言葉では、宗教の文字上の見解は、存在の純粋無垢性を破壊するものであるが、サンタヤナは、そこから宗教そのものが生育して来ると考えた。また知性的には、そのような信仰は冒険的である。というのは、神話は真理ではないから、そして、その事が発見された場合には、常にそうであった通り、宗教には、事実上の真理がかつてありえた以上の何らかの賢明な事柄があることを認められないという幻滅が感じられたからである。それは宗教が詩において体現した卓越性を危うからしめた。というのは、それは神話の文字上の虚偽をくどくどと説く場合を作るからであり、それは人が最初に神話には文字通りの真理があると愚かにも信じなければ、決して避けられないことではなかったからである。従って、浴槽の湯と一緒に赤ん坊まで流してしまわないために、我々は「神々の起源を再発見して、それらを分析的に自然的及び道徳的な構成要素に還元して、量的な損失を生じないようにそれらの素材を再整理して、より熟達した反省に適した形態[3]」にしなければならないのである。ここで肝要な言葉は「量的（quantitative）な損失なしに」であるが、――しかし、サンタヤナは「質的（qualitative）な損失なしに」と書きたかったのかも知れない、というのは、彼には宗教の正体を暴露する計画はなかったからである。

我々の祖先は詩や神話を、丁度我々と同様に、彼らの生活や知恵の解釈を表現するために作った。彼には他の仕方が無かったので、神話的な形態を用いた。我々も小説やドラマで神話的形態を用いる。何故なら、それ程適切なものは他にないから。しかし、我々は通常は我々自身の詩的な神話を事実と認定することはない――誰も変人学者（pedant）でもない限り、かつてハムレットが生きていたか否か等は気にさえもしない――から、誤認は祖先の神話の文学（letter）における宗教の本質に関してなされて来たのであって、彼らの起源（root）である知恵における宗教に関してではなかったからである。宗教における生存能力のある神話はどれでも、その源泉として人間性に対する深刻なる洞察を有している。神々についての人間のイメージは、非常に多くの人間的心情とその苦境の解釈である。正にそれらのイメージが存在することが、我々自身でない何かあるものへの依存性とか、また我々が依存するものとの親和性への我々の必要性の根絶できない感情の徴候なのである。それらの感情は、親類や支配、正義、慈悲、栄光、知恵等々のようなもののイメージの中においてのみ適切な人間的表現が与えられる。

宗教的神話のそれぞれの要素の中に、サンタヤナは人間的状況に対する道徳的反省を見出そうとした。彼は「宗教は偉大な妖精の寓話である」と言う。被造物の無能について、我々は探索できない力の手の中にあるという純正な意識がそこにはある。かくて、人間は求める(propose)が、神は定める(dispose)のである。地上の運命は全く気紛れであると気付くことで、先ず最初に神々の嫉妬の神話が生れ、次にこの世の時間にある全てのものの無常の観念、即ち、無活動（rust）が崩壊する観念が生れる。かくて、人間の能力の彼方に存する働きにおける救いへの必要性の絶望的な自覚にとって、祈りが生れる。現世の不正義に対して、神々の作業場の神話が生れる。

元々は、恐らくヒュームが信じていたように、宗教と道徳性とは別物であって、対立的でさえあったのだろうが、しかし、最初に善良な所業の不思議な効験を信じることによって、人々は人知れず道徳的な効験を宗教に与えた。(4) 各々の場合における宗教的なイメージと象徴主義が我々の前に活々と掲げられて、生活の中のあわただしさの中で、我々は自分の力だけで存在しているのではないこと、我々の活動は我々が推測できない環境の中で繁栄していること、奢りは滅びに先立つこと、何人も自分自身にとって島(island)【訳注12】ではないことを、いつも思い起こさせられる。それが、我々が忘れているが知っている学習であり、それらは宗教の忘れ難い心像の衣を着せられることで理性の生活の中で記憶せしめられ、少なくとも部分的には効果的となるのである。

人類の偉大な宗教のいずれもがそれ自身の神話を有し、それはその宗教の創始者の道徳的発見と、その詩に忠誠である信者の必要物とを現わしている。その必要物と挫折のいくつかは、普遍的に人間的であるが故に、宗教は全て同じ知恵を教えるが、しかし、異なった神話によって教える。宗教は真・偽によってよりも、価値の追求と享受において理性を奉じることの善・悪によって相違する。しかしながら、人が自分の宗教をよりよいものに交換しようとしても、何も得られない。というのは、受容された宗教的寓話の道徳的真理が、理性主義的な批判は完全に失うことができないことを把握しているからである。

人が仏教徒でなくキリスト教徒として生れること、またプロテスタントよりカトリック教徒として生れること等は偶然であるから、サンタヤナは宗派（sect）間を物色して廻ったり、自分が所属する宗派に単なる知的関与よりも深く関与しているところの宗派の中で、何を信じ何を拒否するかをより好みする者を我慢ならぬとばかりに軽蔑する。現在も生き残っている宗教は、人々の道徳的必要性に、その状況において出会い、宗教的形態を希薄化しておせっかいして、そして宗教の機能を改善しなかったからである。

そこで、サンタヤナは英国国教会を英国公立学校になぞらえる、即ち、それは一つの道具であって、「美しい統合であり、政治的、会議的レヴェルで、またスポーツのレヴェルでも多作であり、快適であり、穏健である」[5]――一言で言えば、誠に誠に英国的である。しかしながら、サンタヤナ自身はカトリック教会に対して忠節であった。それは現代の異端者[6]と闘うカトリック教会であって、近代主義（modernism）との妥協を試みるカトリックに対してではなかった。「……カトリック礼式は、どの帰依者にとっても同等に本質的に善であり、そして、それは想定される敵対者に対して、魅力においても、包括性においても、成熟度においても、内的合理性においても、外的受容性においても巨大な優越性を有している……[7]」それでもサンタヤナは何と横柄な程に寛容でありえたことか！　彼はこう言う「私は『冷水浴と亜鈴の道徳的効験に対する過剰な信仰』を殆ど共有している。それらはバートランドラッセル氏が、悪口を止めて、難問を脇へやるために、時として宗教的感情の一吹を伴って、ＹＭＣＡスポーツや親密な交際や読書室――これは全て慣習的に大事業の奉仕において、単純な勇ましい魂の補助強壮剤を形成している――に帰属させた……」[8]。

勿論、サンタヤナは公正な寛容性を非キリスト教の宗教にも拡大しており、いくつかの彼の批判は活動的なキリスト教徒よりも静観的な仏教徒に対してより多く見られる。確かに言えることだが、それは彼が社会改革や博愛主義の特性を示すキリスト教徒に殆ど無関心であったからであり、また近代主義者に対して侮蔑的であったからでもある。近代主義者たちは、人々が罪深いことの事実よりも不幸であることの事実により大きな関心をもっていたからである。それでも尚、サンタヤナは初期の著作『詩と宗教の解釈』において、キリスト教が初期の敵対者を犠牲にして拡大したことを説明しようと試みた。そしてそれを彼は人類の窮地を扱うに大きく耐える用語でもってそうした。

サンタヤナは、初期の教会についてキリスト教だけが繁冒した、何故なら、キリスト教教会だけが必要なものを全て持っていたからだ、と言う。即ち、奇妙に宗教的な人々、ユダヤ人の信仰における根源や、詩的創造への眺望を残していた超自然主義や、伝統によって神聖化された聖書――それによって批判的な諸世紀を通じてもユダヤ人の自己同定性を保持し続けられた――聖書や、政治的仕組みを用いない個人との直接的な接触や、それに何よりも、安直な異教徒の宗教には欠落していた道徳的自己批判への起動力等々である。キリスト教はこれら全ての優越性、即ち、新しい詩、新しい道徳的理想、そして、古い神を有していた。キリスト教だけが、その敵対者の中にあって、生活の全ての事実を道徳的教課へと変質させて、それら全てを単一の中心へと関連づけることができた。十字架上のキリストの死は、毒人蔘でのソクラテスの死とは違って、宗教的な霊感となりえた。何故ならば、「キリストの死は人間的生の象徴であるから。人々は彼の死を信じることができた。何故なら、それは彼らの経験の形態と予徴であったから」[9]。

それが、受難と否認としての磔（はりつけ）（crucifixion）の神話的解釈の道徳的な意義であったが、それは、歴史の主題である一人の人間の死の文字通りの陳述の事実上の意義であるよりも、むしろ、詩の主題である。そして、それはキリスト教に中身を授与して詩が詩以上のものに思える誘因をもたらすのである。これのように詩を伴った宗教は、その本質が事実の単なる歴史的、乃至は科学的な批判に影響されない。どのような宗教でも、その教理が単に暫時的で、一地域的で歴史的かつ事実的であれば、決して永続しない。宗教は本質的なものを教えなければならない。そうすればそれは永遠的と思えるようにするだろう。「人間的生は本質的には常に同じであって、それ故に、キリスト教のようにその生の本質を把握している宗教は永遠の宗教となるはずである」[10]とサンタヤナは言う。

サンタヤナはこの本質的なキリスト教神話を彼の著書『福音におけるキリスト教の理念』の中で語っ

ている。それは人間の中の神の理念である。勿論、究極的な神話は神そのものである。サンタヤナは、スピノザ生誕三〇〇年記念論集の中で、自分の声明を通して「私はいかなる神々をも設定しない。しかし、もし我々が神々が実在することを発見すれば、どんな問題について、また何の目的でこれらの神々に相談するか、誠によく考えなければならない。そしてその場合、神々を崇拝するように我々を促す熱望が真に我々の本心の、また我々の究極の宗教となるであろう[11]」と言う。

「神」とは、単一な映像に焦点があてられた、宇宙の集合的な善に対するサンタヤナの名称である。キリスト教の中心教義は、この究極的にして完全なる善が、人間性を破壊することなく、それを完成させて、かつて人間の形態において出現したということである。それは、神のようになろうとする人間の熱望に対する神秘的な映像であり、その映像そのものが神となった人間（God-become-man）なのである。キリスト教の理念は、神は人間の中にあるということであり、この理念の道徳的な起源と帰結は、善さ（goodness）が「我々がキリストにおいて完全に例示するのと同じある水準において、何人においても例示されて然るべきである[12]」ということである。十字架上のキリストの意味は、キリストが我々の罪の身代り（scapegoat）や犠牲として死んだという事ではない。それは単に迷信的な秘儀を現わすものとして、文学的に解釈された詩的な映像にすぎない。磔は新約聖書でくり返し示されているように、自動的には救済に役立たない。只、磔が「（彼らの）心の中の忠節の変化に役立つことによって、魂の救済をもたらすと信じる者だけが、そのことによって世俗の利益が心の中でより少なく勘定されて、魂の救済の利益がより多く勘定されることによって魂の救済がもたらされる」[13]のである。

サンタヤナは再度、ここに体現されている知恵と文学上の真理との相違を強調する。宗教上の彼の最後の著作を読んでいると、イエズスの生命のキリスト教徒的解釈を文字通り真理であると信じる意味において、彼が誠に「信者」になったか否か、を決定することが時折むづかしくなるかも知れない。著作の多くの紙数が、あたかもそれらが歴史的、乃至は神学的真理の労作であることを意味しているかの如くに書かれている。それは本当の懐疑論者が書く程の忍耐あるいは才能を有していたことを我々が容易に想像できる類の書物ではない。それでも尚且つ、我々が問いたいのは、この書の中でサンタヤナは何らかの明確な答を有していなかったのではないかということである。彼は只他所で表明された見解を我々に参照させるだけである。もし我々が、キリスト教の教えは真理であるか、或いは、ただギリシア神話の教えよりも少しだけ（もしそうであれば）より良いだけであるのかを尋ねたならば、サンタヤナは、その質問は答えるに足るだけの重要なものではない、と言うだろう。

詩におけると同様に、宗教においても記述された出来事が実際に起ったかどうかは、些細な不適切な質問である。諸事実は、それらが心情（heart）にとって意味したこと以外は、精神（spirit）

にとっては殆ど問題にならない。魔王（Lucifer）【訳注13】は神聖なキリストが実在したことを認めたかも知れない、しかるにキリストを見習うことを軽蔑したかも知れない。そこで幻惑から目覚めた哲学者は、キリストの実在を信じることなくとも、キリストを見習うように鼓舞したかも知れない[14]。

しかし、我々がキリストの歴史性乃至は神聖性の問題から、サンタヤナの最終的な形而上学へ立ち帰った時には、そこには疑いもなく神学の「幽霊的な物理学」に関して、彼の立脚するところがある。そこには、他のあらゆるものが、それの光の中で説明されるべき最も実在的な存在者、つまり最実在的存在（ens realissimum）がある。スピノザはそれを最実在的存在の実体、神あるいは自然と呼んだ。無神論者でさえも最実在的存在が存在することを信じるとサンタヤナは言う。そして、無神論者と有神論者との間の唯一の問題は、意味論的な問題である、即ち、究極的な形而上学的な実在性は「神」の名に値するか、ということであるとも言う。スピノザはそうであると信じ、サンタヤナはそうでないと信じる。サンタヤナにとっては、最実在的存在は、物質であって、それは精神の所産ではなく、精神の起源である。サンタヤナは、彼の形而上学における『最大著作』の最後で次のように言っている「神を世界創造主であり運命の採配者であると考える庶民的宗教との関連で言えば、私の哲学は無神論である[15]」と。最実在的存在者を崇拝すること、つまり物質を「神」と呼び、それを崇拝することで無神論者であるとされる問責を避けるために、彼は「自然の秩序を逆にする」。その中では精神は善の意識を伴って自然の中から生起し、潜在的に、また道徳的に理想を企画して、それを神と呼ぶのである。

存在論的証明は、神は完全なる存在者であるという、その前提においては正しいのである。しかし、その帰結においては誤りである、というのは、神は精神の被造物として以外の如何なる意味でも存在しないからである。

原　注

第八章　サンタヤナ

（1）*The Life of Reason*, p. 179.
（2）*Ibid.*, p. 183.
（3）*Ibid.*, p. 206.
（4）*Ibid.*, pp. 195, 198, 213ff.
（5）*The Genteel Tradition at Bay* (New York: Chas. Scribner's Sons, 1931), p. 71.
（6）*Winds of Doctrine* (New York: Chas. Scribner's Sons, 1913), Chap. 2.
（7）*Ibid.*, p. 56.

（8） *The Genteel Tradition at Bay* pp. 70–71.

（9） *Interpretations of Poetry and Religion* (New York: Chas. Scribner's Sons, 1900), p. 93.

（10） *Ibid.*, p. 116.

（11） "Ultimate Religion," *The Philosophy of Santayana* (Modern Library ed.), p. 592.

（12） *The Idea of Christ in the Gospels* (New York: Chas. Scibner's Sons, 1946), p. 86.

（13） *Ibid.*, p. 152.

（14） *Ibid.*, pp. 173–174.

（15） *Realms of Being* (New York: Chas. Scribner's Sons, 1942), p. 838.

訳注

【12】　島（island）

「島」は、頼りになるところ、「依りどころ」の比喩であると解される。宗教は、誰もが自分自身の依り処ではないことを思い起させる。換言すれば、「我々自身でない何かあるものへの依存性……の感情の徴候」（本文一六七ページ）であると、サンタヤナは言っている。

これは仏陀（釈尊）が「自らを島とせよ」と説かれたこと（中村元『ブッダ入門』二〇三ページ）が念頭にあると思われる。佛教は創造主としての「神」等を想定しない無神論的宗教である。仏陀はシャカ族の王子（人間）である。求道の成果で目覚め（budo）た人、即ち、「覚者」（Budha）となった人間である。

【13】　魔王（Lucifer）

「ルシフェル、ラテン語ではルーキフェルと発音」（『岩波・キリスト教辞典』一二〇二ページ）。Devil, Satan の別名で、adeversary「逆、敵」を意味するヘブライ語に由来する（"The New OXFORD Dictionary of English", p.1097 & 1651）

悪魔王サタンは、信仰心を試練にかける敵対的存在として意義をもたされている。新約聖書（マルコ伝1-13）に、イエスが「四〇日のあいだ荒野にいて、サタンの試みにあわれた」。そして、サタンがイエスに石をパンに変えるように言うと、イエスは「人はパンのみによりて生くるにあらず」（マタイ伝4-4）といった有名な言葉も記されている。

最善に創造された世界に、悪及び悪魔（堕落天使）が何故に存在するのか、——この疑問に対する回答として「弁神論」とか「神義論」と呼ばれる弁明がなされて来たが、果たして実際人間が神の能力を云々できるものか、訳者（藤田）は、その詭弁にかす耳をもたない。

要約すれば、神が人間を創造したか、或いは、人間が神を想像しているのか、である。サンタヤナも、世界創造主であり運命の采配者としての神は信じないと断言しているが、それに対しては、そのように思考する知性の持ち主（人間）をも神が創造したと反論することも可能である。例えば、教皇ピウスⅫ世（本書二四ページ）の書簡。しかし、再度反論すれば、「神を想像する人間を創造した神」を想像していると言える、無限に続く論争である。それはお断りする。

如何なる宗教信仰もその正当性は議論の優劣や論争の勝負で決定されるべきものではなくて、一般人としては、その信仰によってどのような生活の行為や行動が実践されるかが最重要問題であろう。死後天国へ行けるように祈願する生活で、現実の日常行動が非常識で他者に迷惑なものであれば、正当な信仰とは言えないだろう。本人の自由だと言うかも知れないが、「自由」の最大の条件乃至は制限は、他者の自由を侵害しないことである。

本書において繰り返し強調されているように、宗教は、その教義が実践・行動において対外的・社会的にどのような影響を及ぼすかが極めて重大な問題なのである。モーゼの十戒も、キリストの山上の垂訓も仏教の五戒も、大半は道徳的・社会倫理的な要素である。どのような思想信条も社会を無視しては、成り立ち得ない。宗教信仰もそのような社会倫理の発展と進歩に貢献するものでなければならないだろう。

あとがき

本書はLewis White Beck; *Six Secular Philosophers, Religious Themes in the Thought of SPINOZA, HUME, KANT, NIETZSCHE, WILLIAM JAMES, SANTAYANA* (THE FREE PRESS, New York, 1960) の全訳である。

ルイス・ホワイト・ベック氏は一九一三年のアメリカ合衆国に生れ、ノース・カロライナ州のデューク大学を卒業し、第二次世界大戦直前ベルリンに留学してニコライ・ハルトマンに師事し、『純粋理性批判』などカントの主著を研究した。大戦中一時帰国し、戦後再度ドイツ滞在後、一九四九年より三〇年間ロチェスター大学に在職した。その後も名誉教授として同大学で哲学研究に努め、全米哲学会会長をつとめたり、国際ヒューム学会設立に尽力された。

一九八一年四月マインツでの国際カント学会で初めてベック氏に会って以来、訳者は彼の主著 *A Commentary on Kant's Critique of Practical Reason*（一九六〇）を邦訳するため、毎年の夏期、冬期休暇中渡米して個人指導をうけた。一九八五年日本語訳の出版以後も別の著書を邦訳すべく渡米し指導して頂いたが、完成には到らなかった。心臓手術をうけたり健康維持に努められたが一九九七年永眠された。享年八四であった。

私、藤田としては四〇歳代の最も重要な時期に長期に渡り、カント哲学のみならず様々な哲学思想を懇切に解説して下さり、その学恩は身に余るものがある。現在も自分が理解会得しているだけでなく、後進にも伝える使命を感じている。色々と繰り返し聞かせてもらった話の中から、今二つ披瀝したい。

一つは、哲学は思想である、ということ。先生いわく、ペイトンなどは「哲学は理論である」というが、哲学は啓蒙と反啓蒙との間を往来している思想である、と。それを聞いて以来、啓蒙の合理主義思想と反啓蒙の非合理主義（ロマン主義）思想の攻めぎ合いがよく分かるようになった。

もう一つは、神学と哲学の関係について。本書十六ページ以降にもある話で、「哲学は神学の婢」と見なされて来たが、しかし、婢といっても、主人の裳裾を取ってつき従うのではなくて、灯火を持って主人の先に立ち、道を踏み外さないように先導する役目である、という話である。

本書でも宗教信仰が盲信や狂信に陥らないよう、身の危険をおかしながらも、警告を発し続けた世俗哲学者たちの思想が紹介されている。そして「それらの中で正しいものは……読者が決めることである」というのは如何にも先生らしい言葉である。今は只、訳者の日本語文章が正確に意味を伝えていることを願望するばかりである。

日本の知識青年たちが宗教思想に無知な故に、不幸な人生を送るケースも発生していることに心痛して来た訳者としては、「宗教哲学」の概説書を公刊したいところではあるが、取り敢えず自分が教えて頂いた先生の著書を邦訳し紹介することから始めた次第である。

後任者のラルフ・メールボーテ教授の話では、先生は自分の主義として墓はつくっておられないそうで、墓前に報告できないが、本書が広く日本の読者に知られることは喜んで頂けるものと確信している。

日本人の宗教信仰は、古来「神、儒、仏」と言われ、その後キリスト教も伝来して多様を極めているが、その割には比較的宗教紛争が少ないのは大きな特長であると言える。

仏教伝来時には神道との抗争もあったが、その後は神仏習合で融和し両立並存して来た。明治政府による神・仏分離政策でも並存状態は続き、今日に到っている。

儒学と仏教も相互に批判し合いながらも、実は特に禅仏教などは大きな影響をうけ、現実性と超現実性の綜合思想の骨幹となっている。儒学者も祖先崇拝思想では仏教教義に依るところが大きい。禅と儒は既に多くの比較研究がなされているし、今日の道徳教育の課題としても無視できない問題が少なくない。

一般教養書としては、陳舜臣『儒教三千年』が読み良い。その他、中村元『ブッダ入門』と、小田垣雅也『キリスト教の歴史』も是非精読する必要があるだろう。

本書の公刊・出版にあたっては、晃洋書房の井上芳郎氏に多大なる御力添えを頂いた。同氏は二〇〇四年にカント没後二〇〇年を記念して私が『カント哲学の特性』を出版した折にも一方ならずお世話になっており、今回再度お世話して頂き、誠に有難く感謝に堪えない。また、編集部の石風呂春香氏にも文章の実務上の作業をして頂き、ようやく完成にこぎつけることができて、悦びと共に深く御礼申し上げる次第である。

学術図書出版の晃洋書房は、四十有余年のお知り合いであるが、その間出版不況と言われながら、特に哲学書の出版は難しい中、発展拡大されて誠に御同慶の到りである。今後も知識青年達に良書を提供する営業の進展を願ってやまない気持ちである。

二〇一七年二月二一日

藤田昇吾

《著者紹介》

ルイス・ホワイト・ベック（Lewis White Beck 1913-1997）
ロチェスター大学教授
全米７大学で兼任講師
主著　*A Commentary on Kant's Critique of Practical Reason*（University of Chicago Press, 1960）
（ドイツ語訳１９７６年，日本語訳『カント『実践理性批判』の注解』新地書房，１９８５年）
Philosophic Inquiry : An Introduction to Philosophy（Prentice Hall. 1952）他多数

《訳者紹介》

藤田昇吾（ふじた　しょうご）
１９３９年　生れ
１９７２年　京都大学大学院文学研究科哲学専攻博士課程単位取得退学
大阪教育大学名誉教授
元大阪総合保育大学教授
主　著『西洋思想の源流と展開』（文化書房博文社、１９９８年，改訂版２００８年）

『カント哲学の特性』（晃洋書房、２００４年）

訳　書　Ｌ・Ｗ・ベック著『カント『実践理性批判』の注解』（新地書房、１９８５年）

論　文（２０００年以降）

「必然と自由――運命と意志」（北九州市立大学紀要、２００７年）

「哲学的人間本性論――性無記説，性善説，性悪説」（大阪総合保育大学紀要、２００８年）他

神に挑んだ6人の世俗哲学者
スピノザ／ヒューム／カント／ニーチェ／ジェイムズ／サンタヤナ

2023年 7月31日　初版第1刷発行
2024年 5月31日　初版第2刷発行

著　者　L・W・ベック
訳　者　藤田昇吾
発行者　向田翔一

発行所　株式会社22世紀アート
〒103-0007
東京都中央区日本橋浜町3-23-1-5F
電話　03-5941-9774
Email: info@22art.net　ホームページ：www.22art.net

発売元　株式会社日興企画
〒104-0032
東京都中央区八丁堀4-11-10 第2SSビル 6F
電話　03-6262-8127
Email: support@nikko-kikaku.com
ホームページ：https://nikko-kikaku.com/

印刷
製本　株式会社PUBFUN

ISBN：978-4-88877-239-6